Brincar com o fogo

Glória Soares de Oliveira Frank

1 O cheiro dos eucaliptos

Numa bonita zona, perto do Luso[i], a norte de Coimbra, **reina** paz. Só se ouvem os grilos a cantar. Raras vezes passa uma bicicleta ou um carro. Até à **borda** da estrada **estende-se** um **pinhal** com grandes e velhos pinheiros. Cheira bem. Faz bem respirar este ar puro.

Mas **observando** bem, **nota-se** algo de estranho. Em determinados locais faltam os pinheiros. Lá **crescem** umas árvores pequeninas. São eucaliptos. Nesta região há muitas vezes **fogos**. Onde **arde**, plantam-se eucaliptos. Eles crescem rapidamente. E deles faz-se papel, muito papel.

Do outro lado da estrada há algumas pequenas, poucas casas. Elas têm um **quintal** e duas ou três árvores de fruto. Quase todas são habitadas por pessoas **idosas**. Uma única casa, pintada de fresco, tem um grande **terreno** com variadas árvores de fruto: laranjeiras, tangerineiras, limoeiros, figueiras,

cheiro *m*	Geruch, Duft
reinar	herrschen
borda *f*	Rand
estender-se	sich erstrecken
pinhal *m*	Pinienhain
observar	betrachten
notar	(be)merken, auffallen
crescer	wachsen
fogo *m*	Feuer, Brand
arder	brennen
quintal *m*	Gemüsegarten
idoso	alt, betagt
terreno *m*	Grundstück

Luso ist ein Kurort am Fuße der **Serra do Bussaco**. Vor allem am Wochenende herrscht hier reger Betrieb um den Wasserbrunnen. Mitgebrachte leere Flaschen werden mit Thermalwasser gefüllt und nach Hause mitgenommen.

Lernkrimi Portugiesisch

Paraíso e Perigo

Glória Soares de Oliveira Frank
Maria José Aureliano Vilas Boas

Vokabeltraining
zum Buch!

Lerne die Vokabeln zu diesem Buch: Mit phase6, Deutschlands führenden Vokabeltrainer.

Mit phase6 übst du deine Vokabeln über Computer, Tablet und Smartphone mit Android oder iOS.

Der Circon Verlag schenkt dir die erste Vokabelsammlung zu seinen Büchern. Nur erhältlich über diesen Link (QR-Code).

www.phase6.de/s/a2668

Der beste Sprachtrainer für die Schule.

© Circon Verlag GmbH
Baierbrunner Straße 27, 81379 München
Ausgabe 2023
3. Auflage

Alle Rechte vorbehalten. Nachdruck, auch auszugsweise, nur mit ausdrücklicher Genehmigung des Verlages gestattet.

Redaktion: Isabella Bergmann
Fachkorrektur: Joaquim Peito
Produktion: Ute Hausleiter
Titelillustration: Karl Knospe
Lernkrimi-Logo: Carsten Abelbeck
Gestaltung: red.sign GbR, Stuttgart
Umschlaggestaltung: red.sign GbR, Stuttgart

ISBN 978-3-8174-1944-9
381741944/3

Besuchen Sie uns auf Instagram und Facebook: circonverlag

www.circonverlag.de

Vorwort

Liebe Leserin, lieber Leser,

sicher zum Lernerfolg – mit Spaß und Spannung! Die Compact Lernkrimis mit ihrer Kombination aus Lektüre und didaktischem Übungsanteil eignen sich hervorragend, um breite Sprachkompetenzen in der Fremdsprache zu erwerben. Der Lerner wird dabei durch die spannende Handlung, das angemessene Sprachniveau und den stetig ansteigenden Schwierigkeitsgrad der Übungen gefördert und motiviert.
Entwickelt nach neuesten Erkenntnissen der Fremdsprachendidaktik, sind Compact Lernkrimis das ideale Medium für einen Lernerfolg im Selbststudium. Durch die kleinen Texteinheiten und den hohen Übungsanteil sind sie aber auch als Unterrichtslektüre bestens geeignet.

So lernen Sie mit Compact Lernkrimis:

- **Mit Begeisterung lernen:** Die packende Krimihandlung motiviert Sie beim Lesen des portugiesischen Originaltextes.
- **Wissen intensivieren und erweitern:** Durch die Kombination aus didaktisch aufbereiteter Lektüre und textbezogenen Übungen testen und trainieren Sie Ihre Sprachkenntnisse effektiv. Vokabelangaben auf jeder Seite unterstützen Sie beim Lesen.
- **Systematisch lernen:** Knüpfen Sie an Ihr individuelles Sprachniveau an und setzen Sie sich eigene Lernziele.
- **Unabhängig sein:** Lernen Sie ganz individuell – wo und wann Sie wollen.

Viel Spaß beim spannenden **Erlernen der portugiesischen Sprache** wünscht Ihnen

Prof. Dr. Christiane Neveling
Didaktik der romanischen Sprachen, Universität Leipzig

Inhalt

Die Ereignisse und die handelnden Personen in diesem Buch sind frei erfunden. Etwaige Ähnlichkeiten mit tatsächlichen Ereignissen oder lebenden Personen wären rein zufällig und unbeabsichtigt.

pessegueiros, macieiras e cerejeiras. Em frente da casa há uma **piscina**. Atrás da casa, ao fundo, vê-se um **estábulo**. Toda a **vedação** à volta do terreno está coberta de **plantas trepadeiras**. Tudo está bem cuidado.

Aqui moram Vasco Saraiva e Rita Lopes Saraiva. Vasco **herdou** a casa dos seus pais. Logo a seguir, mandou **fazer** umas pequenas **obras**. Depois, ele e a esposa adaptaram a casa ao chamado "turismo no espaço rural". Eles oferecem alojamento local a turistas. Por um lado, têm muito trabalho, por outro, realizaram o seu **sonho**. Sempre desejaram viver fora da cidade. Agora levam uma vida tranquila. Vivem felizes, com os seus quatro burros, dois cães, seis galinhas e dois gatos. Na primavera, no verão e no outono eles recebem **hóspedes** portugueses e **estrangeiros**.

piscina *f*	Pool
estábulo *m*	Stall
vedação *f*	Zaun
planta *f* **trepadeira**	Kletterpflanze
herdar	erben
fazer obras	umbauen
sonho *m*	Traum
hóspede *m/f*	Gast
estrangeiro	*hier:* fremd, ausländisch
ervas *f pl* **aromáticas**	(Küchen-) Kräuter
regar	gießen

Antes do jantar, Rita e Vasco Saraiva estão no quintal. Ela corta **ervas aromáticas** para a comida e ele **rega** as plantas.

– Meu Deus, como a terra está seca! – exclama Vasco.

– Pois é, tens de regar todos os dias. Em todo o mês de junho, até agora, pouco choveu. Mas no fim de semana também não precisamos de chuva. Temos hóspedes – acrescenta Rita.

– A propósito, quando é que eles vêm? – pergunta Vasco.

– Eles chegam na próxima sexta-feira ao fim da tarde – responde Rita.

– E ficam quantos dias?

Exercício 1: Verdadeiro ou falso? Welche Aussagen sind richtig? Kreuzen Sie an!

1. Coimbra fica a sul do Luso. ❐
2. Os pinheiros são novos. ❐
3. Trata-se de uma zona de elevado perigo de fogo. ❐
4. Há muitas casas perto do pinhal. ❐
5. A família Saraiva tem um pequeno terreno. ❐
6. Os Saraivas gostam da vida no campo. ❐

– Até domingo. Como a filha já está na escola, ela tem aulas na segunda-feira.

– Qual é o programa?

– No sábado fazemos a **caminhada** no Bussaco. Vamos todos, mas eles ainda não **escolheram** o **trilho**.

caminhada *f*	Wanderung
escolher	aussuchen, auswählen
trilho *m*	Wanderweg
indagar	(nach)fragen

Südlich des Thermalbades **Luso** erstreckt sich der Waldpark **Mata do Bussaco**. Im 17. Jahrhundert erhielten die Karmelitermönche das Waldgebiet und begannen, eine Mauer um den Wald zu bauen, um ihn in seinem ursprünglichen Zustand zu erhalten. Im Laufe der Jahrhunderte wurden ca. 250 verschiedene exotische Baumarten gepflanzt.

– Muito bem. E no domingo?

– Querem fazer o passeio de burro de duas horas. Preferem ir de manhã. Vais tu com eles. Assim, levas os quatro burros. Eu fico em casa a trabalhar. Eles vão passar a tarde aqui na piscina.

– E como é com a comida? – **indaga** Vasco.

– Na sexta-feira jantam connosco. Ainda não sei o que vou cozinhar. De qualquer forma, na quinta-feira **cozo pão**. Também faço **doce** de tomate. No sábado eles tomam o pequeno-almoço tarde. Antes, eu frito uns **rissóis** variados e **pastéis de bacalhau**. Preparo comida para um piquenique no Bussaco. Também levo legumes e bastante fruta, claro. À noite, em casa, comemos uma coisa simples.

cozer pão	Brot backen
doce *m*	Konfitüre, Marmelade
rissol *m*	frittierte Fleisch- oder Fischtasche
pastel *m* **de bacalhau**	Stockfischbällchen
regressar	zurückkehren, zurückkommen
azeitona *f*	Olive
polvo *m*	Oktopus
oxalá	hoffentlich
sardinha *f* **assada**	gegrillte Sardine

– Boa ideia! Nós **regressamos**, como sempre, por volta das sete horas, não é? Não precisamos dum grande jantar. Chega perfeitamente pão com queijo, presunto, **azeitonas** e, no fim, uma salada de fruta fresquinha, não achas?

– Sim, exatamente. E no domingo almoçamos outra vez aqui em casa, todos juntos. Talvez eu faça[i] um arroz de **polvo** – explica Rita.

[i] Das **Presente do Conjuntivo** wird bei bestimmten Verben, Ausdrücken und Konjunktionen gebraucht, die u. a. einen Zweifel, Wunsch, Rat oder ein Gefühl zum Ausdruck bringen: **talvez, oxalá, acho melhor que, é pena que.**

– Uhm, o teu fantástico arroz, que bom! Então, eu vou ao mercado do peixe cedo, no sábado, antes da partida para o Bussaco. **Oxalá** que eles gostem de polvo – diz Vasco contente.

– Também lhes podemos perguntar se eles preferem **sardinhas assadas** – acrescenta Rita.

– Lógico! Quem assa as sardinhas e os pimentos é o "chefe cozinheiro". E tu fazes um **bolo** para o **lanche**?
– Faço um bolo de laranja. Eles partem antes do jantar, às seis horas, mais ou menos. Então, podem levar bolo para a viagem.

Exercício 2: Ovelha negra. Welches Wort ist das „schwarze Schaf"? Unterstreichen Sie!

1. macieira cerejeira eucalipto figueira limoeiro
2. burro galinha gato estábulo cão
3. rissol pão queijo presunto fogo
4. polvo sardinha bacalhau azeitona atum
5. sábado pequeno-almoço jantar almoço lanche

Ao lado do terreno da família Saraiva existe uma casa completamente diferente. É uma casa muito grande, de **primeiro andar**. É branca e as janelas são verdes. Ela tem um terraço enorme. O jardim é bonito, mas pequeno. Nele existem apenas duas **glicínias** e uma palmeira. Há também uma pequena **fonte artificial**, é tudo. O muro à volta da casa é baixo, também branco. Lê-se num **letreiro**: "cuidado com o cão". A família Antunes **vive à larga**. São no total cinco pessoas: Francisco Antunes e a sua

bolo *m*	Kuchen
lanche *m*	Nachmittags-snack, Imbiss
primeiro andar *m*	erster Stock
glicínia *f*	Glyzinie, Schmetterlingsblütler
fonte *f* **artificial**	künstlicher Gartenbrunnen
letreiro *m*	Schild
ϟ **viver à larga**	auf großem Fuß leben

esposa Valentina Correia Antunes, as filhas **gémeas** Frederica e Carolina e o avô Afonso. Entre a família Antunes e os vizinhos, os Saraivas, houve sempre certas querelas. É uma velha história. Infelizmente, os problemas continuam.

gémeo *m*	Zwilling
mau humor *m*	schlechte Laune
insuportável	unerträglich
⚡ **bicho** *m*	Tier, Vieh
barulho *m*	Lärm
⚡ **raio do burro**	verdammter Esel
esquecer	vergessen
de uma vez por todas	ein für alle Mal

Depois do jantar, estão todos sentados no terraço. Lá, está-se bem, é mais fresco. Francisco Antunes está de **mau humor**.

– Estes burros aqui ao lado são **insuportáveis**. Esta gente tem um terreno enorme. E para quê? Para **bichos**!

– Que cheiram mal! Todos eles! Ai, e eu detesto o **barulho** do **raio dos burros** – acrescenta Valentina.

– Sim, e então agora com o turismo rural, ainda é pior[i]. Claro, as famílias da cidade, com criancinhas barulhentas, gostam disto. Mas nós não gostamos! – diz Francisco e volta-se para o pai.

– Pai, o Saraiva sénior nunca te quis vender parte do terreno dele. Tu ofereceste-lhe bom dinheiro, não ofereceste?

– Olha, filho, essas coisas pertencem ao passado. Eu não quero falar mais do passado. É pena que vocês não **esqueçam** isso **de uma vez por todas**. E nós temos terreno suficiente – responde o avô.

Bom und **mau** werden unregelmäßig gesteigert: **A situação é melhor** (besser)/**a melhor** (die beste).
A situação é pior (schlechter)/ **a pior** (die schlechteste).
Die Formen im absoluten Superlativ sind ebenfalls unregelmäßig: **A situação é ótima** (optimal)/ **péssima** (ganz schlecht).

Exercício 3: Presente do conjuntivo. **Ergänzen Sie die Verbformen im Konjunktiv Präsens!**

1. Talvez ela não dizer ______________________ a verdade.

2. É pena que ele não gostar ______________________ dos animais.

3. Oxalá que tu ter ______________________ razão.

4. Acho melhor que nós partir ______________________ cedo.

5. Espero que eles entender-se ______________________ bem.

– O avô **tem razão**, papá. Nós não precisamos de mais terreno. Para quê? Tu não gostas de **jardinar**, a mamã ainda menos. Ou melhor, ela detesta! O avô não pode e eu e a Carolina, nós não temos tempo – diz Frederica.

– Pois! E além da nossa **cadela**, vocês não querem mais animais. Vocês têm uma **aversão** aos animais, infelizmente. Realmente, para quê mais terreno? – acrescenta Carolina.

– Para quê? Que pergunta estúpida! Nós estamos aqui sentados num terraço. Somos cinco pessoas. Porque é que não estamos sentados no jardim, ao lado duma bela piscina? A resposta é fácil: porque nós não temos **espaço** para uma piscina. Mas os Saraivas têm! Então, nós, precisamente nós, com tantas possibilidades financeiras, estamos sentados num, num... terraço. É ou não é? E é quase uma **vergonha**!

ter razão	recht haben
jardinar	gärtnern
cadela *f*	Hündin
aversão *f*	Abneigung
espaço *m*	Platz
vergonha *f*	Schande

2 O cheiro do fumo

fumo *m*	Rauch
de costume	üblich, üblicherweise
estrela *f*	Stern
pastor *m* **da serra**	Schäferhund
anda!	Komm! Los!
mexer	bewegen
tratar	*hier:* versorgen, sich kümmern

É terça-feira. São sete horas da manhã. Em casa da família Antunes ainda estão todos a dormir. Ou melhor, quase todos, menos um, Francisco. Como **de costume**, ele vai fazer meia hora de jogging logo de manhã. Leva sempre a sua cadela consigo. Ela chama-se **Estrela**, uma **pastora da serra** ⓘ, como se diz normalmente. Ao sair, Francisco fecha a porta muito devagar. A cadela conhece o ritual e sai silenciosa.

– Estrela, vamos! Não faças barulho! Não queremos acordar ninguém. Está uma manhã agradável, não está? **Anda**! Vamos **mexer** as pernas, nós os dois – diz Francisco contente, em voz baixa.

ⓘ Der **cão da Serra da Estrela,** auch **pastor da serra** genannt, ist ein Rassehund aus der gleichnamigen Bergregion. Er hat langes, meist gelb-braunes Fell und ist intelligent, loyal, mutig, robust und ein hervorragender Wachhund. Wegen seines sanften Charakters halten ihn auch gern Familien.

Passados poucos minutos, ainda perto da sua casa, ele encontra Rita Saraiva. Ela já está no quintal. Rita levanta-se todos os dias muito cedo para **tratar** dos animais antes do pequeno-almoço. Logo que vê a vizinha, Francisco perde

imediatamente a boa **disposição**.
– Não contava com este encontro logo de manhã. Mas, já agora, vamos **esclarecer** uma coisa – diz Francisco em voz alta.
– Esclarecer o quê? O que é que você quer? Olhe, sabe uma coisa? Não temos nada a dizer um ao outro. Por uma questão de **educação**, e eu, eu sim, eu tenho-a... desejo-lhe um bom dia. **Deixe-me em paz** e sossego! – diz Rita resoluta.

imediatamente	sofort
disposição *f*	Laune
esclarecer	klären, klarstellen
educação *f*	Erziehung
deixar alguém em paz	jdn. in Ruhe lassen
afinal	letztendlich
insultar	beleidigen, beschimpfen
quanto a	betreffend, was ... betrifft
perceber	verstehen, begreifen

– Momento! Deixe-nos você em paz! Você e os seus burros barulhentos que... que não nos deixam descansar.
– O quê? Mas, **afinal**, quem é que está aqui a fazer barulho de manhã cedo? É algum burro? É mesmo? – pergunta Rita com um sorriso de sarcasmo.
– Você está-me a **insultar**?
– Eu? Por amor de Deus, só lhe tento explicar que a esta hora ninguém ouve os meus burros. Repito, os meus! Compreende?
– Mas também não é só o barulho! É o mau cheiro. Os bichos cheiram mal.
– O quê? Bichos? É uma palavra do seu vocabulário, claro! Mas, para sua informação, em minha, ou melhor, em nossa casa, não há bichos. Não sei se na sua casa há. **Quanto a** nós, nós temos animais. Bem tratados! E inteligentes! Entende?
– Bichos ou animais, qual é a diferença?
– Realmente, você não **percebe**... porque não tem respeito por

nada. **Nem** pelos animais **nem** pela natureza. O que cheira mal não são os animais, mas o fumo da sua fábrica! A propósito, não são horas de você ir fabricar papel? É a única coisa que você sabe fazer. Pobre rico! Eu, pessoalmente, não tenho tempo para conversas que **não levam a nada** – diz Rita exaltada e **vira as costas** a Francisco sem mais palavras.

nem… nem	weder … noch
não levar a nada	nichts bringen
virar as costas	den Rücken zudrehen
excitado	verärgert, angespannt

Exercício 4: Completar. Lesen Sie weiter und vervollständigen Sie den Text mit den passenden Verbformen!

está deitada | preparar | fala | vai | põem | toma

Francisco volta a casa mal-humorado. Primeiro, ele **1.** ________ um duche. Depois, **2.** ________ para a sala de jantar. Senta-se à mesa para tomar o pequeno-almoço com a família. Valentina ainda está na cozinha a **3.** ________ o café com leite. As gémeas **4.** ________ a mesa. O avô já está sentado, a cadela **5.** ________ ao seu lado. Francisco levanta-se. Está **excitado**. Vai à cozinha buscar água. **6.** ________ alto, como é seu hábito.

– Esta gente aqui ao lado não tem a mínima educação!
– Os Saraivas? Pois claro que não. Passo a vida a dizer isso – acrescenta Valentina.

– Vocês imaginam que ela, ela, essa... **palerma**, me chamou burro?

– O quê? **Mal-educada**! Não tem vergonha? Ela atreveu-se a dizer isso?

– Bom, não disse de forma direta, mas indiretamente. Isto não pode continuar assim.

– Claro que não, Francisco. Nós não podemos tolerar esta situação por mais tempo. Nós? Nós não!

↯ **palerma** *m/f*	Dummkopf, Schwachkopf
mal-educado	schlecht erzogen
inimigo *m*	Feind
que horror!	Wie schrecklich! Furchtbar!
malcheiroso	übel riechend, stinkend
exagerar	übertreiben
sujar	schmutzig machen
↯ **já chega**	es reicht
estragar	verderben

– Mas porque é que vocês não acabam com as discussões[i] de uma vez por todas? – pergunta Frederica.

– É verdade! Eles são boas pessoas. Eles próprios não são **inimigos** de ninguém. A Rita é simpática. E o Vasco também. São bem-educados. E os animais deles até são queridos – explica Carolina.

– O quê? "Queridos"? Que palavra é essa? **Que horror!** São uns... uns **malcheirosos**. Todos! Burros, galinhas, tudo – afirma Valentina.

Substantive mit der Endung **-ssão** und **-zão** bilden den Plural auf **-ssões** bzw. **-zões**:
a discussão – as discussões,
a razão – as razões.

– Não estás a **exagerar**, mamã? Lá porque não gostas de **sujar** as mãos, não precisas de falar assim – diz Carolina.

– Bom, **já chega**! Não se fala mais sobre o assunto. Não queremos **estragar** o dia – conclui Francisco.

– O papá tem razão – acrescenta Valentina.

– Eu vou falar com o meu amigo Alexandre, o advogado. Há muito tempo que o quero fazer. Agora tenho boas razões para me **aconselhar** com um advogado. E vocês **afastam-se** desta gente! – diz Francisco.

Exercício 5: Palavra escondida. Übersetzen Sie und enträtseln Sie das Lösungswort!

1. Hühner _ □ _ _ _ _ _ _
2. Nachbarn _ _ _ _ □ _ _ _
3. Diskussionen _ □ _ _ _ _ _ _ _ _
4. Freunde _ □ _ _ _ _
5. Zwillinge (feminin) _ _ _ _ □ _
6. Feinde _ _ □ _ _ _ _ _
7. Esel (Plural) _ _ _ _ _ □

Lösung: □ □ □ □ □ □ □

Ao mesmo tempo, no quintal dos Saraivas, Rita fala com o marido. Ela ainda está nervosa e muito irritada por causa do encontro com o vizinho.

aconselhar	beraten, absprechen
afastar-se	sich entfernen, fernhalten

– Este **grosseiro** não me deixa em paz. Terei ⓘ eu um dia a sorte de **me livrar dele**? Chegará esse dia, meu Deus? Tu não imaginas o **descaramento** do tipo! Hoje já **se queixou** outra vez do "barulho" dos nossos burros. Mas quem **berrou** foi ele!

– Rita, não te enerves. O Antunes fala muito, mas não faz nada. Foi sempre assim. "Cão que **ladra**, não **morde**" – responde Vasco.

– Lá porque ganha bem, pensa que é muito importante. Não gosta de cheiro de animais... o que cheira mal é o dinheiro dele! Novos ricos... sem princípios. Não têm coração nem sensibilidade. Só têm **vaidade**!

grosseiro *m*	grober, ungezogener Mensch
livrar-se de alguém	jdn. loswerden
descaramento *m*	Unverschämtheit
queixar-se	sich beschweren
berrar	brüllen
ladrar	bellen
morder	beißen
vaidade *f*	Eitelkeit
proibir	verbieten
não ligar	*hier:* ignorieren
descontrair	entspannen
sombra *f*	Schatten
distrair-se	sich ablenken, zerstreuen

– Pelo menos as filhas são diferentes, elas até são simpáticas – diz Vasco.

– Está bem, mas qual será o futuro delas? Elas crescem numa família que as **proíbe** de cumprimentar os vizinhos. Pobres raparigas.

ⓘ Das **Futuro Simples** wird durch Anhängen der entsprechenden Endungen an den Infinitiv gebildet: **terei, terás, terá, teremos, terão**. Aber aufgepasst! Die Verben **dizer, fazer** und **trazer** werden verkürzt: **direi, farei, trarei.**

– Rita, **não ligues**, não vale a pena! Eles não merecem tanta atenção.

– Mas isto faz-me mal.

– Olha, para **descontrair**, vamos dar uma volta no pinhal? Levamos os dois burros.

– O Chicão e o Riquito?
– Sim, e deixamos cá as duas burrinhas. Elas ficam à **sombra** das árvores porque hoje vai estar calor.
– Boa ideia! Então tiras já a Mirinha e a Nina do estábulo, por favor? O sítio mais fresco para elas é por baixo das cerejeiras. Lá está-se bem. Os cães também ficam com elas. E nós vamo-**-nos distrair**, bem precisamos. Vamos ao pinhal, pois.

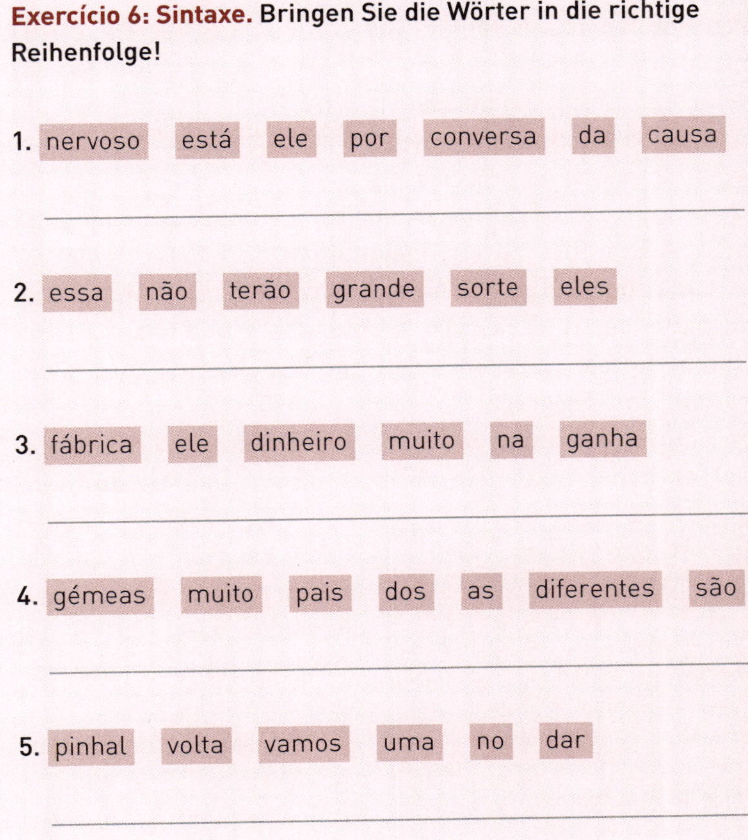

Exercício 6: Sintaxe. Bringen Sie die Wörter in die richtige Reihenfolge!

1. nervoso está ele por conversa da causa

   ____

2. essa não terão grande sorte eles

   ____

3. fábrica ele dinheiro muito na ganha

   ____

4. gémeas muito pais dos as diferentes são

   ____

5. pinhal volta vamos uma no dar

   ____

Os Saraivas passam umas horas muito agradáveis no pinhal. Com novas forças e motivados, voltam para casa à tarde. De repente, os dois burros estão inquietos. Principalmente o Chicão! Rita e Vasco não compreendem porquê... mas pouco depois. No ar há um cheiro a fumo. Eles aproximam-se rapidamente da estrada. Agora veem a sua casa. Ficam **estupefactos**. Não, não podem acreditar nos seus próprios olhos. Houve fogo no terreno deles! Os **bombeiros** ainda lá estão. **Aflita**, Rita vai rapidamente em direção às cerejeiras. Faltam as burrinhas! Onde é que elas estão? O estábulo está, em parte, destruído. Graças a Deus que a Mirinha e a Nina ficaram **soltas**! Também ardeu nas **traseiras** da casa. E no quintal. Uma **desgraça**!

estupefacto	verblüfft
bombeiros *m pl*	Feuerwehr
aflito	sehr besorgt
solto	*hier:* frei
traseiras *f pl*	hinterer Teil, Rückseite
desgraça *f*	Unglück
ferido	verletzt
fugir	fliehen, weglaufen
estar preocupado	sich Sorgen machen

Os Saraivas procuram todos os outros animais. Encontram-nos excitados, mas, felizmente, nenhum está **ferido**. Com medo, eles **fugiram** para o jardim em frente à casa, do lado da piscina. E o fogo não chegou à parte da frente. Mas Rita **está** muito **preocupada** com as burras.

– Onde estará a minha querida Mirinha? E a Nina, a minha pequenina? Ai, meu Deus! – exclama Rita.

Haver wird meistens unpersönlich benutzt: **Há muitas árvores no terreno.** Man kann das Verb aber auch konjugieren, und zwar in der Kombination **haver de + infinitivo**. Damit drückt der Sprecher aus, dass er sich einer Sache sicher ist: **Havemos de as encontrar.** Wir werden sie (ganz sicher) finden.

– Tem calma. Havemos de[i] as encontrar. De certeza que fugiram, em pânico.
– Mas sabe Deus se estarão feridas. E nós, Vasco? O que fazemos agora? Vamos precisar de meses para reconstruir isto tudo.
– Pois vamos, isso é verdade – confirma Vasco.
– Ai! Foi o Antunes, de certeza. Ele é o **culpado**. **Pôs fogo** ao estábulo. Ele detesta animais, esse **cruel** – diz Rita.
Fora de si, ela corre em direção à casa dos Antunes. Vai rápida como uma **flecha**. Quando chega, vê a porta aberta. À entrada, encontra Valentina a chorar, nos braços do marido.
– O que é que você quer aqui? – pergunta Francisco.
– Foi você? Ou vocês? Estão contentes agora? Digam-me onde estão as minhas burras!
– Mulher, deixe-nos em paz! Você fala dos seus bichos! Nós temos outras preocupações. As nossas filhas **desapareceram**. E você desapareça imediatamente daqui!
Rita está perplexa. As gémeas desapareceram? Que desgraça! Terá o **desaparecimento** delas algo a ver com o fogo? Não é possível!

culpado *m*	Schuldiger, Verursacher
pôr fogo	Feuer legen
cruel *m*	grausamer Mensch
flecha *f*	Pfeil
desaparecer	verschwinden
desaparecimento *m*	Verschwinden

3 Rivalidade

Os bombeiros procuram as gémeas por todo o lado. Os Antunes estão **desesperados**. Não têm um minuto de sossego. Felizmente que os bombeiros não encontram vítimas em lado nenhum. **Mesmo assim**, os Antunes pensam que vivem um **pesadelo**. Estão completamente confusos. Que coincidência é esta? O **incêndio** e, simultaneamente, o desaparecimento das filhas deles. Como é que elas desapareceram de um momento para o outro? Com tantas **lágrimas**, Valentina quase que não pode falar.

desesperado	verzweifelt
mesmo assim	trotzdem, trotz allem
pesadelo *m*	Albtraum
incêndio *m*	Brand
lágrima *f*	Träne
raptar	entführen
rapto *m*	Entführung
exigir	fordern
acalmar-se	sich beruhigen
confiante	zuversichtlich

– Francisco, onde estarão as nossas filhas? Nenhuma delas levou o telemóvel. É muito estranho. Elas nunca fazem isso.

– A polícia vai encontrá-las. De certeza!

– Sinto que aconteceu algo de terrível. Será que alguém quer dinheiro de nós? Por isso **raptou** as nossas meninas.

– Não penses assim! As duas ao mesmo tempo? Não, não se trata de um **rapto**. Os bandidos que fazem essas coisas telefonam imediatamente a **exigir** dinheiro. Não perdem tempo.

– Ainda podem telefonar. Ou mandar uma mensagem.

– Querida, **acalma-te**! Temos de continuar **confiantes**.

O agente Luís Sobral **assumiu** o caso do incêndio. Ele inicia as **investigações**. O ponto número um é esclarecer se se trata de **fogo posto**. Primeiro, interrroga Francisco Antunes.

– O senhor o que fez esta tarde?

– Trabalhei, como sempre.

– Até quando, precisamente?

– Até às três, mais ou menos. Saí mais cedo do que de costume.

– Porquê?

– Porque o meu pai me telefonou. Ele estava muito aflito. Não sabia onde estavam as minhas filhas.

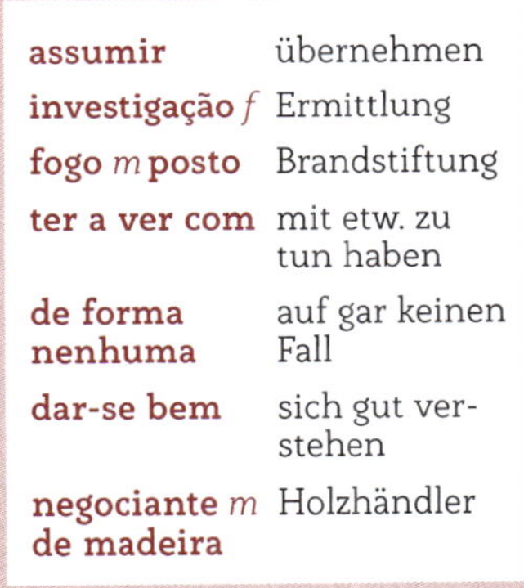

assumir	übernehmen
investigação *f*	Ermittlung
fogo *m* **posto**	Brandstiftung
ter a ver com	mit etw. zu tun haben
de forma nenhuma	auf gar keinen Fall
dar-se bem	sich gut verstehen
negociante *m* **de madeira**	Holzhändler

– O seu pai contou-lhe do fogo?

– Claro. Eu vim logo, o mais rápido que pude. Pode perguntar aos meus colegas.

– Sim, mais tarde.

– Mas o que é que eu **tenho a ver com** o fogo? A minha preocupação são as nossas filhas. O fogo dessa gente ⓘ não me interessa. Nada, absolutamente nada!

– Então os senhores são daqueles vizinhos "não muito amigos".

Das Substantiv **gente** bezeichnet zwar mehrere Personen, wird aber im Singular verwendet: **essa gente, a gente nova.**

– Nós? Amigos? **De forma nenhuma**!

– Podemos falar de uma certa antipatia, digamos assim?

– Certa? Grande! Sabe, isto é uma história muito velha. O meu pai e o pai do Saraiva, o Daniel Saraiva, nunca **se deram bem**. Eles os dois eram **negociantes de madeira**. Compravam e vendiam e... olhe, era complicado.

– O que era complicado?
– A situação... a concorrência. A enorme rivalidade entre eles **tornou-se em ódio**. **Detestavam-se** um ao outro.
– Como?
– O Daniel Saraiva era um **mentiroso**. Ele **acusava** o meu pai de fazer negócios **sujos**. O que ele era, era... um **invejoso**. Nós sempre fomos muito sérios. E continuamos a ser.
– Pois bem! E, sob o aspeto profissional, quem teve mais sucesso?
– O meu pai, evidentemente. Por uma questão de inteligência. De capacidade. Ele foi sempre um excelente homem de negócios. Foi só por isso que **enriqueceu** depressa.
– O objetivo do Daniel Saraiva era **prejudicar** o meu pai. Culpava-o de muito, mas nunca teve **provas** para nada. Lógico! E há outras coisas – continua Francisco.
– Que coisas? – pergunta Sobral.
– Por exemplo, o Daniel Saraiva herdou isto tudo sozinho. O terreno e a casa. Nesses tempos, o meu pai queria-lhe comprar uma parte do terreno. Ofereceu-lhe muito dinheiro. Mas ele não vendeu. Só por uma questão de **maldade** ou **vingança**... sei lá!
– Até hoje a vossa relação não melhorou?
– Não. O Vasco Saraiva comporta-se **tal e qual** como o pai. "**Tal pai, tal filho**". A antipatia não diminuiu, não. Pelo contrário, até **aumentou**.

tornar-se em ódio	zu Hass werden
detestar-se	sich hassen
mentiroso *m*	Lügner
acusar	beschuldigen
sujo	schmutzig, dreckig
invejoso *m*	Neider
enriquecer	reich werden
prejudicar	schaden
prova *f*	Beweis
maldade *f*	Bosheit
vingança *f*	Rache
tal e qual	genauso
⚡ **tal pai, tal filho**	wie der Vater, so der Sohn
aumentar	größer werden

Exercício 7: Completar. **Wie lauten die Sätze richtig? Kreuzen Sie an!**

1. As gémeas...

❒ **a)** desapareceram de um momento para o outro.

❒ **b)** são vítimas do fogo.

2. ... pensa que se trata de um rapto.

❒ **a)** O agente Luís Sobral

❒ **b)** Valentina

3. Francisco saiu ... por volta das três.

❒ **a)** de casa

❒ **b)** da fábrica

4. Daniel Saraiva e o Antunes sénior ....

❒ **a)** não gostavam um do outro.

❒ **b)** eram muito amigos.

miúdo *m*	*hier:* Kind
francamente	ganz ehrlich

– Aumentou porquê?
– Por causa do turismo rural.
– Qual é o problema?
– O problema é que os burros cheiram mal. E fazem barulho. Assim como os **miúdos** das famílias que vêm para aqui. Digo-lhe **francamente**, acabou-se o sossego. Além disso, nós não podemos dizer nada. Sempre que me queixo, a mulher dele, essa... essa Rita, provoca-me. É insuportável!

O agente Sobral conhece agora o motivo das querelas entre as duas famílias. **Contudo**, isto pouco o ajuda no caso. Francisco Antunes tem um álibi. Sobral interroga Valentina a seguir. Estão sentados na **sala de estar**. Valentina está muito **pálida**, preocupadíssima com as filhas.

contudo	jedoch
sala *f* **de estar**	Wohnzimmer
pálido	blass, bleich
à beira-rio	am Fluss
esteticista *m/f*	Kosmetiker(in)
talão *m* **da caixa**	Kassenzettel
deixar estar	sein lassen
apagado	gelöscht (Feuer)

– Onde é que a senhora passou a tarde? – pergunta o agente.

– Eu estive quase todo o dia em Coimbra (i) – responde Valentina.

– Quase todo o dia?

– Sim. De manhã tive uma consulta médica. Depois comi qualquer coisa **à beira-rio**. Às duas horas fui à **esteticista**.

– Como se chama o salão da esteticista?

– Rosa Brava. Ainda tenho o **talão da caixa**. Paguei com cartão. Quer ver? Posso ir buscá-lo.

(i) Mit **Coimbra** verbunden ist die tragische Liebesgeschichte von Infante Dom Pedro und Inês de Castro, der Zofe seiner Ehefrau. Um das unsittliche Verhältnis der beiden ein für alle Mal zu unterbinden, ließ Pedros Vater (König D. Afonso IV.) Inês de Castro 1355 in Coimbra ermorden. Später, als Dom Pedro den Königsthron innehatte, richtete er die Mörder und ließ für sich und seine einstige Geliebte Grabmäler im Kloster von Alcobaça errichten.

– Não, agora não, **deixe estar**. Não precisa de se levantar. E quando chegou a casa?

– Praticamente ao mesmo tempo que o meu marido, às três e meia, aproximadamente.

– O fogo já estava **apagado**?

– Não sei bem. Penso que sim. Mas os bombeiros ainda lá estavam.

– Sabe quem os chamou?

– Sei, foi o meu **sogro**. Ele contou-nos.
– Como é que ele **deu conta** do fogo?
– A nossa cadela estava inquieta e começou a ladrar. Ela normalmente é muito sossegada. Só ladra quando chega alguma pessoa. O meu sogro **partiu do princípio** que estava alguém no jardim. Possivelmente o **carteiro** com uma **encomenda** ou uma coisa assim. Foi à janela e não viu ninguém.
– Absolutamente ninguém?
– Exatamente, mas viu fumo no terreno dos Saraivas. Por isso ele chamou imediatamente os bombeiros. Os Saraivas bem lhe podem agradecer!

sogro *m*	Schwiegervater
dar conta	bemerken, wahrnehmen
partir do princípio	davon ausgehen
carteiro *m*	Briefträger
encomenda *f*	Paket
neto/a *m/f*	Enkel(in)
engenharia *f* **florestal**	Forstwirtschaft
apesar	trotz
ter bom aspeto	gut aussehen
ausente	abwesend

– Ele ficou sozinho em casa?
– Não, sozinho, não.
– Ficou com quem? Com as **netas**?
– Sim. O meu sogro diz que as minhas filhas estiveram (i) todo o dia em casa. A estudar. A Carolina estuda **Engenharia Florestal** e a Frederica Informática. Elas ainda vão ter alguns exames...
Entretanto o avô Afonso também chega à sala. Ele é um homem de boas maneiras, bem vestido. **Apesar** da sua idade avançada, **tem** muito **bom aspeto**. Mas nota-se perfeitamente que ele hoje não está bem. Faltam-lhe as forças. Está como que meio **ausente**. O desaparecimen-

> (i) Direkte Rede: **Elas estiveram em casa.**
> Indirekte Rede: **Ele diz que elas estiveram em casa. Ele pergunta se elas estiveram em casa.**

to das netas é demasiado para ele. Senta-se. Fala devagar. Pausadamente.

Exercício 8: Palavras cruzadas. Übersetzen Sie und lösen Sie das Kreuzworträtsel!

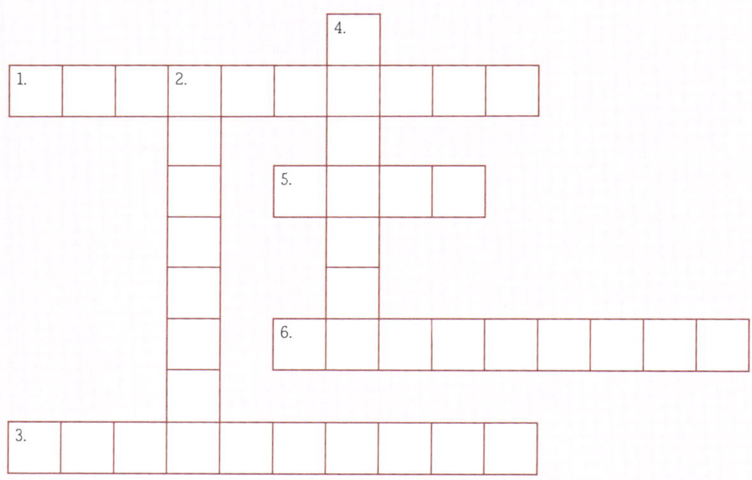

1. Provokation **2.** Rache **3.** Rivalität

4. Bosheit **5.** Hass **6.** Lügner

– Posso ser **útil**? – pergunta o avô.
– A sua **nora** diz que, hoje à tarde, as suas netas estiveram em casa. Correto? – pergunta Sobral.
– Sim, a estudar, cada uma no seu quarto. Fazem isso muitas vezes. São muito disciplinadas.
– Disciplinadas?
– Sim, e **portam-se bem**. Não vão a clubes nem a coisas assim. Não bebem, não fumam, ou melhor, a Frederica fuma um cigarro depois do café. É tudo. Eu antigamente também fumava...

– Resumindo, as suas netas ficaram nos quartos delas. O senhor passou a tarde igualmente em casa. Não saiu de casa?

– Bom, depois do almoço eu fui só uns minutos ao jardim com a Estrela. Uns dez minutos, no máximo.

– Viu alguém na rua?

– Não, não vi ninguém. Nem nada de especial. Absolutamente nada!

– O senhor sabia se os Saraivas estavam em casa?

útil	behilflich, nützlich
nora *f*	Schwiegertochter
portar-se bem	anständig sein
por acaso	zufällig
escada(s) *f (pl)*	Treppe
sesta *f*	Mittagsschläfchen

– Sim, **por acaso**. Eu sabia que eles não estavam.

– Como "por acaso"?

– Ainda antes do almoço, eu vi-os sair com os burros. Pensei que tinham hóspedes. Normalmente, quando fazem os passeios de burro, eles voltam ao fim da tarde. De qualquer forma, quando fui ao jardim, estava tudo como sempre.

– O que fez a seguir?

– Estava calor. A Estrela não quis ficar no jardim. Entrou (i) em casa e eu entrei atrás dela. Fechei a porta. Ela foi à cozinha beber água. Depois sentou-se na sala. Eu subi as **escadas**. Fui para o meu quarto. Deitei-me para fazer a **sesta**. Como faço todos os dias. Só acordei quando a ouvi ladrar. Intuitivamente, fui à janela ver o que se passava.

– E o que se passava?

– Ardia no terreno dos Saraivas. Felizmente que a Estrela ladrou. Mas as minhas netas não reagiram ao barulho. Pensei que elas estavam a ouvir música.

(i) Das **Pretérito Perfeito Simples** wird bei der Aufzählung von Handlungen in der Vergangenheit benutzt: **ela entrou, eu entrei, eu fechei, ela foi...**

– E o que fez o senhor?
– Chamei imediatamente os bombeiros.
– Então, precisamente, quando **deu falta das** suas netas?
– Depois do telefonema. Queria avisá-las do fogo e entrei nos seus quartos rapidamente. Mas não estavam! Chamei-as. Elas não responderam...
Neste momento, o avô faz uma pausa e **limpa** duas lágrimas.
– Meu Deus, eu estava em casa e não **tomei conta das** minhas queridas netas. Sinto-me culpado. Nunca vou perdoar a mim mesmo.

dar falta de	vermissen
limpar	(weg)wischen
tomar conta de alguém	auf jdn. aufpassen

Exercício 9: Cronologia. Was passierte wann? Bringen Sie die Erinnerungen des Seniors Antunes in die richtige Reihenfolge!

☐ **a)** Chamei os bombeiros.

☐ **b)** Eu ouvi a cadela ladrar e levantei-me.

☐ **c)** De repente vi fumo no terreno dos Saraivas.

☐ **d)** Procurei as minhas netas.

☐ **e)** Antes do almoço eu vi os Saraivas quando eles saíram com os burros.

☐ **f)** Depois do almoço eu fiz a sesta.

4 Os burros

Até agora, o agente Sobral não avançou no caso. **Resolve** falar com os vizinhos do outro lado do terreno dos Saraivas. O senhor Raúl Teixeira e a dona Adelina são idosos e vivem sozinhos. Os filhos moram há muito tempo na cidade. Os netos também lá moram e trabalham. Eles são pessoas **modestas**, gentis e gostam muito de conversar. Recebem Luís Sobral muito amavelmente.

– Faça favor, entre e **esteja** (i) **à vontade** – diz o senhor Raúl.

resolver	beschließen
modesto	bescheiden
estar à vontade	sich wie zu Hause fühlen

– O senhor toma um cafezinho? – pergunta dona Adelina.

– Não, muito obrigado, minha senhora.

– Já se sabe alguma coisa das gémeas? – pergunta dona Adelina ainda antes de Sobral fazer a primeira pergunta.

– Não, ainda não.

– Adelina, o senhor agente é quem faz perguntas, não és tu – diz o senhor Raúl.

– Sim, o senhor desculpe, mas sabe, nós gostamos delas. São muito simpáticas. Nem parecem filhas dos Antunes.

– O que é que a senhora quer dizer com isso?

– Bom, os Antunes são muito arrogantes, sempre foram – explica dona Adelina –. Mas as suas filhas são completamente o contrário. E gostam de animais.

(i) Das Verb **estar** hat in der 3. Person Singular und Plural des Imperativs eine unregelmäßige Form: **você esteja, vocês estejam.**

– Os senhores dão-se bem com os Saraivas?
– Nós? Muito bem. Desde há muito tempo. O pai do Vasco era amigo de toda a gente – responde o senhor Raúl.

Exercício 10: Ordenar. Bringen Sie die Buchstaben in die richtige Reihenfolge und finden Sie fünf Adjektive!

1. soiod ____________________
2. honizos ____________________
3. erarongat ____________________
4. oetmdso ____________________
5. tengli ____________________

– A dona Rita também é de boa família. O pai dela, o doutor Adriano Lopes era muito conhecido – acrescenta dona Adelina.
– Porquê? – pergunta Sobral.
– O doutor Lopes era veterinário. Era um homem respeitado. E **bondoso**. Às vezes as pessoas não tinham dinheiro para lhe pagar. Eram tempos difíceis, antigamente. Ele sabia disso e muitas vezes trabalhava **de graça** – responde dona Adelina.
– É verdade, assim salvou muitos animais. As pessoas ofereciam-lhe do que tinham – diz o senhor Raúl.
– Sim, **garrafões** de azeite ou vinho, batatas, fruta – acrescenta dona Adelina.

bondoso	gütig
de graça	unentgeltlich, umsonst
garrafão *m*	Fünfliterflasche

– Pois é! O pai do Vasco era amigo do doutor Lopes. O Saraiva tinha cavalos e às vezes o doutor Lopes tinha de cá vir. Foi assim que eles se conheceram e **se tornaram amigos** – explica o senhor Raúl.

– A dona Rita **é parecida com** o pai em tudo. Até no amor pelos animais. O senhor sabe que os burros dela são de Miranda (i)? – pergunta dona Adelina.

– Como? – pergunta Sobral, um pouco confuso.

– Sim, a raça chama-se assim. Burro mirandês. São animais muito **dóceis**. Ela adora-os – explica dona Adelina.

tornar-se amigos	Freunde werden
ser parecido com alguém	jdm. ähneln
dócil	folgsam, sanftmütig
prestável	hilfsbereit
perder-se	sich verirren, verlaufen
⚡ **já agora**	da wir gerade dabei sind ...

– Pois! A dona Rita é boa pessoa, é. Mas o Vasco também. Ele é muito **prestável**. Sempre que precisamos de alguma coisa, ajuda-nos – acrescenta o senhor Raúl.

– Muito bem. Agora eu queria saber outra coisa, por favor. Os senhores hoje, à tarde, viram alguém desconhecido por aqui? – pergunta Sobral.

– Não, não vimos ninguém. Ninguém **se perde** por aqui – responde o senhor Raúl.

– As únicas pessoas que passam por cá são os hóspedes da dona Rita e do Vasco – diz dona Adelina.

– **Já agora**, os senhores veem algum problema no turismo rural? – pergunta Sobral.

(i) Der **burro mirandês** ist eine portugiesische Eselrasse aus der Gegend von **Miranda**, im Nordosten Portugals. Die Tiere sind ruhig, intelligent und sehr sozial. In der Landwirtschaft wurden sie mittlerweile durch Maschinen ersetzt.
In **Miranda** spricht man übrigens neben Portugiesisch auch **Mirandês**, das als zweite offizielle Sprache Portugals anerkannt ist.

– Problema? Não, de modo nenhum. Bem pelo contrário! – responde dona Adelina.
– Nós **admiramos** o trabalho da dona Rita e do Vasco. Eles querem **chamar à atenção** para este lindo pinhal. Eles mostram às pessoas **de fora** os nossos **riachos** e as nossas fontes. **Pretendem** sensibilizar as crianças para a beleza da natureza. Para a **preservação** da natureza. É uma experiência única para as pessoas da cidade. Todos gostam – diz o senhor Raúl.
– Além disso, as famílias são simpáticas. Portugueses e estrangeiros. Quando passam por nós cumprimentam-nos sempre, **bem-dispostos**. Isso alegra-nos – acrescenta dona Adelina.
– Os senhores acham que os Saraivas têm inimigos? – indaga Sobral.
– Bom, os Antunes não gostam deles. Mas verdadeiramente inimigos, acho que não são. Não posso imaginar **semelhante**.

Exercício 11: Completar. Lesen Sie weiter und ergänzen Sie den Text mit den richtigen Verbformen im Präsens!

Sobral **1.** continuar ________________ sem novas informações. Agora **2.** saber ________________ que os vizinhos **3.** gostar ________________ dos Saraivas e não **4.** simpatizar ________________ com os Antunes. Contudo, isto também não o **5.** ajudar ________________ no caso.

Sobral **6.** despedir-se ________________ de dona Adelina e do marido. Neste momento **7.** chegar ________________ outra vizinha.

– Olá, dona Adelina. Boa tarde senhor Raúl. Ai, desculpem, não sabia que tinham visitas. Não queria **incomodar**.

– Seja[i] bem-vinda, dona Lurdes. Entre, não incomoda. Este senhor é o agente da polícia que está a investigar o caso do fogo – explica o senhor Raúl.

– Ah é? É o senhor? – pergunta dona Lurdes **curiosa**.

– Sou. A senhora é vizinha?

– Sou, sim. Moro já aqui ao lado. Só vim aqui trazer uns ovos à dona Adelina. São das minhas galinhas.

admirar	bewundern
chamar à atenção	aufmerksam machen
de fora	von auswärts
riacho *m*	kleiner Fluss, Rinnsal
pretender	vorhaben, möchten
preservação *f*	Schutz, Erhaltung
bem-disposto	gut gelaunt
semelhante	so etwas, ähnlich
incomodar	stören
curioso	neugierig
viúvo	verwitwet
ϟ **coitado** *m*	der Arme, der Ärmste
estrago *m*	Schaden

– A senhora esteve em casa hoje à tarde? – continua Sobral.

– Eu estou sempre em casa. Vivo sozinha. Sou **viúva**, é raríssimo sair.

– Então, viu alguma pessoa desconhecida por aqui?

– Não, não senhor. Não vi ninguém. Eu só dei conta do fogo quando chegaram os bombeiros. Ai, que desgraça! Eu corri logo para a dona Rita.

– Correu para a dona Rita?

– Sim, quando a vi chegar com o marido. Para a acalmar, **coitada**. Ela estava muito preocupada com as burrinhas. Não falava nos **estragos** materiais, só nos

> **i** Das Verb **ser** hat in der 2. Person Singular und in der 3. Person Singular und Plural des Imperativs eine unregelmäßige Form: **sê, seja, sejam.**

animais. Ela é uma **joia**. E o Vasco também. São extraordinários.
– Extraordinários? – pergunta Sobral.
– Sim. Eles são muito humanos. Olhe, por exemplo, no Natal nunca me esquecem. Vão sempre levar-me bolinhos, **dióspiros** e laranjas – diz dona Lurdes.
– Pois, como eu disse. Eles nem parecem gente do século XXI – acrescenta dona Adelina.
– Porquê? – pergunta Sobral um pouco baixinho, pois ele é realmente um homem dos dias de hoje.
– Porque hoje em dia as pessoas pouco se preocupam com os vizinhos – explica dona Adelina.
– E com os idosos – acrescenta o senhor Raúl.
– Mas há **exceções**, graças a Deus. E digo-lhe, senhor agente, eu não tenho muito para oferecer. Mas as minhas rosas mais bonitas são todas para a dona Rita. Todas! Dou-lhas como símbolo de **gratidão** – diz dona Lurdes.

Exercício 12: Combinar. Welche Begriffe passen zusammen? Ordnen Sie zu!

1. ☐ fogo	**a)** passeio
2. ☐ ajuda	**b)** dióspiro
3. ☐ fruta	**c)** bombeiros
4. ☐ burros	**d)** sozinha
5. ☐ hóspedes	**e)** estábulo
6. ☐ viúda	**f)** gratidão

De repente ouve-se barulho **lá fora**. Cada vez mais alto. Aproximam-se burros! Sobral, o **casal** Teixeira e dona Lurdes vão ver o que se passa. Os Saraivas saem de casa a correr. Os Antunes também. O avô é o último a sair. Correm todos para a rua. Não acreditam! As gémeas estão de volta. Vêm **montadas** nas burras. Estão sujas e **extenuadas**. Mas não estão feridas.

joia *f*	Juwel, Schatz
dióspiro *m*	Kaki
exceção *f*	Ausnahme
gratidão *f*	Dankbarkeit
lá fora	draußen
casal *m*	Eheleute
montado	reitend
extenuado	erschöpft
Nossa Senhora *f*	Heilige Mutter
prece *f*	Gebet
fazer festas	streicheln
culpa *f*	Schuld
aproveitar	(aus)nutzen
vir ter connosco	zu uns kommen

– Ai, as nossas queridas filhas. Obrigada, meu Deus! – exclama Valentina, muito emocionada.

– Que felicidade! – acrescenta Francisco abraçado às filhas.

– **Nossa Senhora** ouviu as minhas **preces** – diz o avô.

– A Mirinha e a Nina. Elas voltaram a casa. Que grande alegria, Vasco! – diz Rita felicíssima, enquanto **faz festas** às burras.

– Sim, Rita. Graças a Deus! Vamos já tratar delas. De certeza que estão cheias de fome e de sede.

– Agora é tempo de esclarecer aqui umas coisas. Primeiro, as meninas vão-me explicar onde estiveram e o que fizeram – diz Sobral resoluto.

– Antes de mais, quero dizer que a **culpa** é minha – começa Frederica.

– Culpa de quê? – pergunta Sobral.

– Momento, explico eu. Eu queria ir fazer festas aos burros. **Aproveitei** enquanto o avô dormia a sesta – continua Carolina.

– Eu também fui. Eles, mal nos viram, **vieram** logo **ter con-**

nosco. Então nós abrimos a **cancela** e entrámos. A Carolina queria andar de burro, só uns minutos. E... eu fumei um cigarro. De repente, não sei como, começou a arder - explica Frederica.

- Os burros, ou melhor, as burrinhas, assustaram-se e fugiram para o pinhal. Em pânico! Nós andámos à procura delas - diz Carolina.

cancela *f*	kleines Tor, Schranke
suspirar	seufzen
desespero *m*	Verzweiflung
estar farto	es satt haben, genug haben
vergonhoso	beschämend
pedir desculpa	sich entschuldigen
estar arrependido	bereuen
errar	sich irren, Fehler machen

- Só as encontrámos do outro lado do pinhal, na fonte velha. Queríamos voltar logo para casa. Mas não sabíamos o caminho - acrescenta Frederica.

- Felizmente que as burrinhas conhecem bem o caminho - **suspira** Carolina -. Sentimos muito!

- E onde começou o fogo, precisamente? - pergunta Sobral. Neste momento o avô toma a palavra.

- Foi no quintal. Eu deitei fogo. Eu não lhe disse a verdade! Eu... hoje não dormi a sesta. Pensava que as minhas netas estavam a estudar. E que os burros não estavam aqui. Vim cá e... e...

- Porque fez tal coisa? - pergunta Sobral surpreendido.

- Por **desespero**. **Estou farto**! Queria acabar, de uma vez por todas, com as querelas entre as duas famílias. É **vergonhoso**. Quero paz. E **peço desculpa**. **Estou arrependido**. Não queria pôr ninguém... nada em perigo.

Estão todos estupefactos.

- Eu também **errei** - reconhece Francisco de repente -. Queixando-me do barulho dos burros, não dei conta de que o maior burro fui eu próprio.

Paraíso e Perigo

Glória Soares de Oliveira Frank

1 Mar e Sol

– Tu és um **infiel**! Toda a gente sabe.

– Sou o quê? Tu és **maluco**? Cuidado! Muito cuidado com o que dizes, ouviste?!

– Isso é uma **ameaça**? Pensas que tenho medo de ti?

– Repito, cuidado! É só um **aviso**, mais nada.

– **Coitado**, pensas que és muito importante mas não és. Onde estão as tuas qualidades? Quais são elas?

– São mais que as tuas! Tu és um arrogante, sempre **convencido** de que sabes tudo melhor que os outros, mas **enganas-te**! Além disso, uma das minhas qualidades é a **fidelidade**, se é aí que queres chegar.

– **Mentiroso**! **Atreves-te** a muito, mas vais **arrepender-te**.

– Quem se vai arrepender és tu, podes ter a certeza absoluta. Absoluta!

infiel *m*	Treuloser, Casanova
maluco	verrückt
ameaça *f*	Drohung
aviso *m*	Warnung
ϟ **coitado** *m*	der Arme, der Ärmste
convencido	überzeugt
enganar-se	sich täuschen
fidelidade *f*	Treue
mentiroso *m*	Lügner
atrever-se	sich trauen, wagen
arrepender-se	bereuen
sombra *f*	Schatten
pátio *m*	Innenhof

Umas horas depois...

É segunda-feira. No Porto está um dia muito quente. À **sombra** duma laranjeira, no **pátio** do restaurante “Mar e Sol” está-se bem.

O "Mar e Sol" fica à beira-mar, perto do "Parque da Cidade". Às segundas-feiras está fechado. O dono, o senhor Coelho, reuniu hoje o seu filho Nuno, a sua filha Ana Paula e o **noivo** de Ana Paula, Gil, para uma conversa importante. O tema principal é o **casamento** dos dois. Este está planeado para breve, pois o senhor Coelho está muito doente. Ele **sofre** de **cancro** num estádio **avançado**. Depois da morte **inesperada** da sua esposa, no inverno passado, o seu estado de saúde **piorou** rapidamente.

noivo *m*	Verlobter
casamento *m*	Hochzeit
sofrer	leiden
cancro *m*	Krebs
avançado	fortgeschritten
inesperado	unerwartet
piorar	verschlimmern
ϟ **ora bem**	also, nun
responsabilidade *f*	Verantwortung
bem frequentado	gut besucht

Estão todos sentados em bonitos bancos de jardim com azulejos azuis e brancos.

Azulejos sind zu Wahrzeichen Portugals geworden. In der dekorativen Kachelkunst spiegeln sich nicht nur Szenen aus der Geschichte, sondern auch aus dem Alltag wider. In Porto begegnet man ihnen überall: in Kirchen und Restaurants, an Häuserfassaden, auf Terrassen und nicht zuletzt in unnachahmlicher Weise im Bahnhof **São Bento.**

– **Ora bem** – começa a falar o sr. Coelho –, em primeiro lugar dirijo-me a vocês os dois, meus filhos, principalmente a ti, Ana Paula. Por questões de saúde eu entreguei-te o "Mar e Sol", e muita **responsabilidade**, há mais de seis meses. Hoje quero dizer-vos que o nosso restaurante está realmente em muito boas mãos. Ele continua **bem frequentado**, com a mesma boa comida e bom serviço. Parabéns.

– Obrigada, pai – diz Ana Paula –. Mas graças a Deus que tenho o Nuno, em quem **deposito** toda a **confiança**. Ele **é o meu braço direito** e faz as compras sozinho.

Exercício 1: Ovelha negra. Welches Wort ist das „schwarze Schaf"? Unterstreichen Sie!

1. segunda-feira sábado verão domingo sexta-feira
2. filho noivo saúde pai filha
3. está fica começa é reuniu
4. bancos conversa filhos azulejos compras
5. esposa tema dono restaurante banco

Das **Pretérito Imperfeito** wird für Beschreibungen und Erzählungen in der Vergangenheit verwendet sowie für zurückliegende, regelmäßig wiederholte Handlungen. Als Zeitangabe dient meistens **antigamente: Antigamente a mãe fazia as compras.**

Das **Pretérito Perfeito Simples** wird dagegen für bereits abgeschlossene Handlungen in der Vergangenheit, meistens mit genauen Zeitangaben, benutzt:
Na segunda-feira o sr. Coelho reuniu a família.

Contente, Ana Paula olha para o irmão. Ele sorri e responde:
– Eu faço o que a mãe fazia antigamente. Não faço mais por causa dos estudos.
– Sim, mas fazes muito, filho. Toda a gente sabe que **dá** muito **trabalho** ir comprar os produtos regionais diretamente aos **fornecedores**. Bom, na verdade tudo o que fazes, fazes bem, **tal e qual** como a vossa mãe.
O sr. Coelho, **comovido**, bebe um pouco de água e continua:

– Agora chegou a sua vez, Gil. Quanto a si, pois também sei que posso contar consigo. Você vem ajudar todos os dias, às vezes até com **falta de sono**. E está sempre **bem-disposto**.
– Sim, onde está o Gil há alegria – acrescenta Ana Paula.
– **Tristezas não pagam dívidas** – diz Gil e ri-se.
Nuno não **acha graça** nenhuma. Muito sério, levanta-se e vai à cozinha. Ele não **aguenta** mais. Não quer ouvir mais **elogios** porque **não dá nada por** Gil. Além disso, na sua opinião, Gil, de profissão **enfermeiro**, não faz a mínima ideia do que é trabalhar na gastronomia.

depositar confiança	vertrauen
↯ **ser o braço direito de alguém**	jds. rechte Hand sein
dar trabalho	Arbeit machen
fornecedor *m*	Lieferant
tal e qual	genauso, so
comovido	gerührt
falta *f* **de sono**	Schlafmangel
bem-disposto	gut gelaunt
↯ **tristezas não pagam dívidas**	keine Zeit für Traurigkeit
achar graça	lustig finden
aguentar	aushalten
elogio *m*	Lob
não dar nada por	nichts halten von
enfermeiro *m*	Krankenpfleger

Exercício 2: Perfeito ou imperfeito? Unterstreichen Sie die richtige Variante!

1. Antigamente eu vivia / vivi em Lisboa.
2. No domingo passado eu ia / fui à praia.
3. Antigamente o sr. Coelho trabalhava / trabalhou muito.
4. Ele convidou / convidava a família na segunda-feira passada.
5. A esposa dele adoeceu / adoecia no ano passado.

Passados uns minutos Nuno volta ao pátio e traz um **jarro** de sumo de laranja fresco. Põe-no[i] em cima da mesa e senta-se novamente. Neste momento Gil está a falar:

jarro *m*	Krug
exagerar	übertreiben
obrigação *f*	Pflicht
preocupar	Sorge bereiten, beunruhigen
sugerir	vorschlagen
inteiramente	völlig, ganz
lua *f* **de mel**	Flitterwochen

– Sr. Coelho, a Ana Paula precisa da ajuda de todos nós. Ela trabalha de dia e de noite, por vezes até **exagera**. A minha **obrigação** é ajudá-la. A sua filha é o amor da minha vida. Por ela eu faço tudo, mesmo tudo. E vou fazer sempre, pode acreditar!

Gil beija Ana Paula. Nuno oferece um copo de sumo ao pai. Por um lado não mostra interesse nenhum pela conversa mas por outro também não quer **preocupar** o pai. O sr. Coelho continua:

> Endet ein Verb auf einen Nasal, z. B. **-õe**, wird dem angehängten Personalpronomen ein **n-** vorangestellt: **Ele põe o sumo na mesa. – Ele põe-no na mesa.**

– Então vamos agora ao tema principal do nosso encontro de hoje, o casamento. Quanto à data, **sugiro** o princípio do outono: no final de setembro ou princípio de outubro. Que acham?

– Eu acho ótimo – diz Ana Paula em voz muito alta –. Mas penso que outubro é melhor porque já não temos tanto trabalho. Que dizes tu, Gil?

– Eu estou **inteiramente** de acordo contigo, querida. Na verdade em outubro há pouca gente na praia, menos turistas – responde Gil.

– E podemos fechar o "Mar e Sol" por uma ou duas semanas, não podemos, pai? – pergunta Ana Paula.

– Claro, filha. Vocês podem ir passar a **lua de mel** à Madeira[i],

como sempre desejaram – diz o sr. Coelho com um sorriso.
Nuno levanta-se de novo, **enervado**. O pai **admira-se** da sua reação.
– Nuno, que se passa? Há algum problema?
– Não, não é nada. Hoje não me sinto bem, é tudo. Então... vocês decidem e depois dizem-me o que **resolveram**. Agora vou tomar um banho no mar. Preciso de sair daqui. Até logo – responde Nuno e **vai-se embora à pressa**.

enervado	genervt
admirar-se	sich wundern
resolver	entscheiden
ir-se embora	weggehen
à pressa	schnell, eilig
brusco	*hier:* unfreundlich
ϟ **como a carne e a unha**	unzertrennlich, wie Pech und Schwefel
se calhar	vielleicht
ciúmes *m pl*	Eifersucht
acalmar	beruhigen
esforçar-se	sich anstrengen

Todos estão perplexos com a reação **brusca** de Nuno. Principalmente o sr. Coelho está muito admirado. Até parece um pouco nervoso. Ele pergunta a si próprio por que razão é que Nuno não se interessa pelo casamento da irmã.
– Eles são amigos **como a carne e a unha**! Qualquer coisa não está bem. **Se calhar** são **ciúmes**... Quem sabe? – pergunta ele.
Ana Paula tenta **acalmá-lo**:
– O Nuno está extremamente cansado. Quem estuda Ciências do Desporto como ele **esforça-se** muito. Além disso, ele faz todas as compras para o "Mar e Sol". Por vezes conduz muitos quilómetros só para comprar os produtos tão frescos. Há dias em que o trabalho é demais para ele.

i Die felsige Vulkaninsel **Madeira** ist ein botanisches Paradies im Atlantischen Ozean. Berühmt sind die einzigartigen Wanderwege entlang der **levadas**: Es handelt sich um Bewässerungskanäle, die das Wasser vom nördlichen Hochland in den Süden leiten.

Exercício 3: Contrários. **Übersetzen Sie die folgenden Wörter und ergänzen Sie das Gegenteil auf Portugiesisch!**

1. Anfang ______________ ______________

2. besser ______________ ______________

3. fragen ______________ ______________

4. alles ______________ ______________

5. vorher ______________ ______________

6. Freunde ______________ ______________

– Sim, mas o seu comportamento é **estranho**. Ele está diferente, **aconteceu** qualquer coisa, de certeza. Eu conheço-o bem – responde o sr. Coelho.

– O senhor vai ver que isso passa – acrescenta Gil.

– Espero que sim. Bom, ficamos então assim. Vocês podem começar a **tratar** das coisas para o vosso casamento. As minhas forças infelizmente não chegam para vos ajudar mas as **despesas** pago-as todas – afirma o sr. Coelho.

estranho	komisch, seltsam
acontecer	geschehen, passieren
tratar	*hier:* sich kümmern, erledigen
despesas *f pl*	Kosten
joia *f*	Juwel, Schatz

– Pai, obrigadíssima, tu és uma **joia** – responde Ana Paula com um beijo.

O senhor é espetacular – acrescenta Gil e dá um grande abraço ao futuro sogro.

2 A terrível notícia

deixar alguém em paz	jdn. in Ruhe lassen
prancha *f* **de surf**	Surfbrett
carrinha *f*	Kleinbus
costumar (dizer)	pflegen zu (sagen)
paixão *f*	Leidenschaft

– Eu avisei-te!
– Ai que medo...
– Estás a brincar? Já te disse muitas vezes que te vais arrepender!
– O que tu dizes não interessa a ninguém.
– Que coisa! Pensas que preciso de te ouvir?
– Ouve lá, com quem pensas que estás a falar?
– Olha, sabes uma coisa? **Deixa-me em paz**!
– Deixa-nos tu em paz! Se possível para sempre!

Der **Imperativo** wird gebraucht, um einen Befehl zu erteilen, einen Rat zu geben oder um eine Bitte zu äußern. Die bejahte Form in der 2. Person Singular (**tu**) entspricht der Bildung der 3. Person Indikativ Präsens: **ouve!, olha!, deixa-me!, conduz!**

No dia seguinte...

São 9 horas da manhã e já está calor no Porto. Vai ser um dia muito quente. Nuno põe a sua **prancha de surf** na **carrinha**, uma mochila e um grande saco de viagem. Está preparado para partir. Ele vai passar uma semana a Peniche, "o paraíso dos surfistas", como ele **costuma** dizer. Surfar é a sua grande **paixão**

Die Fischerstadt **Peniche** wird „Hauptstadt der Welle", **capital da onda**, genannt. Hier herrschen fast ganzjährig sehr gute Bedingungen zum Wellenreiten.

e o pai ofereceu-lhe uma semana de surf com pensão completa. O sr. Coelho e a Ana Paula despedem-se dele.

conduzir	fahren
gozar	genießen
mesmo que	wenn auch
prometer	versprechen
ϟ **prometido é devido**	versprochen ist versprochen

– Boa viagem, Nuno – diz Ana Paula e entrega uma garrafa de água fresca ao irmão.

– Boa viagem, filho. **Conduz** com cuidado – acrescenta o sr. Coelho com um forte abraço.

– **Goza** as férias, **mesmo que** curtas! Tu bem precisas de descansar – diz Ana Paula.

– Sim, mas... as compras? Quem faz todas as compras? – pergunta Nuno um pouco preocupado.

– Faz o Gil. É só uma semana, não há problema nenhum – responde o sr. Coelho.

– Então está bem. Eu mando fotografias, **prometo**.

– **Prometido é devido** – acrescenta Ana Paula com um beijo.

Exercício 4: Imperativo. Bilden Sie den Imperativ in der 2. Person Singular!

1. dizer ____________________

2. pensar ____________________

3. falar ____________________

4. vender ____________________

5. partir ____________________

6. fazer ____________________

Durante a viagem em direção a Peniche, Nuno passa por Aveiro (i) e resolve fazer uma paragem na Costa Nova. Ele quer tomar um café.
– Uau... que **ondas** maravilhosas. Não as posso **perder** – pensa ele consigo próprio.
Nuno **estaciona** a carrinha. Leva a prancha e vai para uma praia **sossegada** para onde costuma ir com os amigos. É um local onde não há **banhistas**.

onda *f*	Welle
perder	verpassen, versäumen
estacionar	parken
sossegado	ruhig
banhista *m/f*	Badegast
exclamar	ausrufen
aflito	sehr besorgt
resistir à tentação	der Versuchung widerstehen

Entretanto, no Porto, ainda antes do almoço, Ana Paula chama o pai à cozinha:
– Pai, queres ver as fotografias que o Nuno me mandou? Ele está na praia.
– O quê? Ele já chegou?! Tão rápido? Não é possível! – **exclama** o sr. Coelho **aflito**.
– Não, ele ainda não chegou. Ele agora está em Aveiro, ou melhor, na Costa Nova.
– O que é que ele está lá a fazer?
– Tu fazes perguntas, pai... Tu conheces o Nuno! Ele não **resistiu à tentação** de ir para a água. Mas depois continua a viagem – explica Ana Paula.
– Então está bem. E vai dormir a Peniche, não é? – interroga o sr. Coelho, já mais calmo.

(i) **Aveiro**, die Stadt mit den schönen Häusern im Jugendstil, liegt an der **Ria de Aveiro**, einer riesigen Lagune mit Salzfeldern und Kanälen. Am gemütlichsten lässt sich die Stadt vom Wasser aus besichtigen, z. B. in **moliceiros**, Booten mit bunter Bemalung.

– Claro! Agora **vê lá** as fotografias porque tenho de **me apressar** – diz Ana Paula.

O pai senta-se numa cadeira e ambos **admiram** as fotografias de Nuno.

– Olha esta aqui tão **gira**! Como ele se ri, com cara de **malandro**, tão bem-disposto – comenta Ana Paula.

– Sim, vê-se bem que está feliz, graças a Deus – acrescenta o sr. Coelho.

vê lá!	schau mal!
apressar-se	sich beeilen
admirar	betrachten, bestaunen
ϟ **giro**	hübsch, toll
ϟ **malandro** *m*	Schlawiner
entrar de serviço noturno	die Nachtschicht beginnen

Exercício 5: Verdadeiro ou falso? Welche Aussagen sind richtig? Kreuzen Sie an!

1. Nuno faz uma viagem direta do Porto até Peniche, sem paragem nenhuma. ❒
2. Nuno escolhe uma praia frequentada por muita gente. ❒
3. Ana Paula e o seu pai veem as fotografias que Nuno lhe mandou. ❒
4. Depois da praia, Nuno continua a viagem para o Porto. ❒
5. Nuno vai dormir na Costa Nova. ❒
6. Ana Paula está no terraço e com pressa. ❒
7. Nuno está feliz e bem-disposto. ❒

Um dia cansativo no "Mar e Sol" chega ao fim. Ao jantar o restaurante esteve completamente cheio. Gil ajudou muito mas foi-se embora cedo. Antes de **entrar de serviço noturno** no hospital ainda teve de ir a casa. Como ele ainda mora em casa dos pais, em Vila Nova de Gaia, precisa de bastante tempo.

deixar-se cair	sich fallen lassen
↯ **todo partido**	total kaputt, fix und fertig
fora	weg, fort
cumprir	*hier:* Wort halten
tosta *f* **mista**	Käse-Schinken-Toast
insistir	beharren, bestehen (auf)
risada *f*	lautes Lachen

Ana Paula está sozinha com o pai. **Deixa-se cair** no sofá e diz:

– Estou **toda partida**! Felizmente que o Nuno só está **fora** uma semana! Sem ele é difícil...

– Pois é! Mas diz-me lá, o Nuno prometeu mandar fotografias de Peniche, não prometeu? – pergunta o sr. Coelho.

– Prometeu sim e **cumpriu**. Ele só escreveu que chegou bem, mas muito cansado. Por isso comeu uma **tosta mista**, bebeu uma cerveja e foi dormir cedo – responde Ana Paula.

– E as fotos? – **insiste** o sr. Coelho.

– Estão aqui, olha! São só fotografias do mar e das ondas, típico Nuno.

– Está no elemento dele, isso é o que mais interessa.

Ana Paula dá uma **risada**.

– Se calhar ele amanhã levanta-se cedo para ir surfar logo de manhã. E vai sonhar com as ondas toda a noite, de certeza.

– Estando ele bem, posso dormir descansado! – exclama o sr. Coelho.

– A propósito, é tarde. Não te vais deitar, pai?

– Vou, sim. Boa noite.

– Eu também vou já. Dorme bem! – responde Ana Paula.

Gegenüber von Porto am anderen Douro-Ufer liegt die Stadt **Vila Nova de Gaia.** Hier wird der berühmte Portwein gelagert. Die vielen Portweinkellereien bieten Führungen an, deren Höhepunkt natürlich die Verkostung ist. **Saúde!**

São sete horas da manhã. Em casa do sr. Coelho **reina** paz e sossego. Ana Paula e o pai ainda estão deitados. Toca o telefone. Ana Paula vai atender. O pai também se levanta, admirado com um telefonema tão cedo.

– Estou sim! – diz Ana Paula.

Segue-se um silêncio **assombroso**. Ana Paula senta-se **apavorada**. O sr. Coelho, preocupado, pergunta:

– Meu Deus, filha, que se passa?

Ana Paula está muito **pálida**, a **tremer**. Passado uns segundos **abraça** o pai e começa a chorar. O sr. Coelho está **assustado**. Sente que algo de terrível aconteceu. Ana Paula diz entre **soluços**:

– O Nuno, o Nuno...

– O que se passa com ele? Algum acidente? – pergunta o sr. Coelho.

– Não, pai! Ele, ele... está (i) morto!

O sr. Coelho senta-se, **desfalecido** e afirma em voz baixa:

– Não, não, não é possível, não!

– É sim, pai. Encontraram-no morto, **enterrado** na areia na Costa Nova... na praia onde nós vamos sempre – acrescenta Ana Paula.

reinar	herrschen
assombroso	furchtbar, schrecklich
apavorado	vor Angst erstarrt
pálido	blass, bleich
tremer	zittern
abraçar	umarmen
assustado	erschrocken
soluço *m*	Schluchzen
desfalecido	kraftlos
enterrado	begraben

(i) Während mit **ser** eine dauerhafte, feste Eigenschaft zum Ausdruck kommt, z. B. **ser alemão/ser pai de alguém**, beziehen sich Beschreibungen mit **estar** auf vorübergehende Zustände, Ortswechsel oder Gefühlsveränderungen: **estar doente, estar na praia, estar orgulhoso**. Doch obwohl **morto** einen unumkehrbaren Zustand darstellt, zählt der Übergang vom Leben in den Tod als eine Veränderung, die das Verb **estar** fordert: **Nuno está morto.**

– Não pode ser, é **engano**. Quem é que o encontrou? – continua o sr. Coelho.
– Foi um homem que foi passear o cão à beira-mar – diz Ana Paula **aterrorizada**.
– Mas ele mandou fotografias de Peniche... Ele foi lá dormir! – exclama o sr. Coelho.

engano *m*	Verwechslung, Missverständnis
aterrorizado	entsetzt
pesadelo *m*	Albtraum
entretanto	inzwischen
investigação *f*	Ermittlung
excluir	ausschließen
afogado	ertrunken
vestígio *m*	Spur

Estão ambos perplexos e simultaneamente aterrorizados. Pensam que vivem um **pesadelo**.

Exercício 6: Completar. Lesen Sie weiter und vervollständigen Sie den Text mit den passenden Begriffen!

roubo | Nuno | acidente | assassino | dinheiro

Entretanto a Polícia Judiciária começa com as **investigações**. A inspetora Inês Gonçalves de Castro **exclui** um **1.** ________. Nuno não morreu **afogado**, ele foi assassinado. Muito provavelmente trata-se de um **2.** ________ porque falta o telemóvel e o **3.** ________. Mas quem foi capaz de cometer tal crime? E porquê o **4.** ________? A única coisa que é clara é que não há os mínimos **vestígios** do **5.** ________.

3 Choque brutal

O sr. Coelho e Ana Paula não podem acreditar na morte de Nuno. Como pode ele ainda estar na Costa Nova? Impossível! Ele escreveu de Peniche, ao fim da tarde. Até mandou fotografias do **pôr do sol** no mar. Em Peniche! Nuno foi cedo para a cama porque estava cansado. Há perguntas e mais perguntas. São fragmentos como num puzzle. E não fazem sentido!

Na Polícia Judiciária a inspetora Inês Gonçalves de Castro tem uma reunião com os colegas:

– Bom, a identificação do corpo foi fácil. **Tanto** o cartão de cidadão **como** a carta de condução estavam dentro da carrinha da vítima: Nuno Coelho, estudante, natural do Porto. Vamos ao resumo das últimas informações!

Começa um polícia:

– O corpo apresenta um grave ferimento na cabeça. Possivelmente de uma forte **pancada**.

– Sim, mas não há **rochas** nessa zona – acrescenta uma colega.

– Tudo indica que se trata de **homicídio** – **conclui** Inês.

– A pancada na cabeça, em princípio, foi **mortal** – diz o polícia.

– Ou então ele morreu a seguir, **asfixiado**, enterrado na areia! – afirma a inspetora.

pôr do sol *m*	Sonnenuntergang
tanto... como	sowohl ... als auch
pancada *f*	Schlag
rocha *f*	Felsen
homicídio *m*	Mord
concluir	schlussfolgern
mortal	tödlich
asfixiado	erstickt

– Que choque brutal para a família! E outro problema é que no local do crime não encontramos os mínimos vestígios do criminoso – diz a colega.
– Absolutamente nada! – confirma o polícia.

Exercício 7: Imperfeito. Formulieren Sie die Sätze in der Vergangenheit und ergänzen Sie die Verbformen im Imperfekt!

1. Trata-se ______________ de homicídio.

2. Ele está ______________ na praia.

3. Eles bebem ______________ sumo de laranja.

4. Eu moro ______________ em Peniche.

5. Tu vives ______________ no Porto.

A inspetora inicia as **interrogações**. Primeiro entra em contacto com o sr. Tiago Caeiro. Ele é fornecedor da família Coelho há muitos, muitos anos. Vende produtos biológicos: fruta e legumes de excelente qualidade. Com o passar do tempo, o sr. Tiago **tornou-se** um verdadeiro **amigo** da família Coelho. Ele faz quase parte da família. Nuno depositava inteira confiança nele[i]. O sr. Tiago está **pasmado** com a horrível notícia.

interrogação *f*	Befragung
tornar-se amigos	Freunde werden
pasmado	verblüfft, erstaunt

Mit den Präpositionen **em** und **de** verschmelzen die Personal- und Demonstrativpronomen der 3. Person Singular und Plural zu **nele, nela, neles, nelas** und **neste, nesta, nestes, nestas** sowie zu **dele, dela, deles, delas** und **deste, desta, destes, destas.**

– O Nuno Coelho **vinha cá** fazer compras regularmente? – pergunta Inês.

– Sim, todas as semanas, no mínimo duas vezes por semana: segundas e quintas. Às vezes vinha **de dois em dois dias**: segundas, quartas e sextas – responde o sr. Tiago com lágrimas nos olhos.

– O senhor quando é que o viu pela última vez?

– Foi na segunda-feira desta semana.

– Notou nele qualquer coisa **esquisita**? Alguma alteração no seu comportamento?

vir cá	hierherkommen
de dois em dois dias	alle zwei Tage
esquisito	seltsam, komisch
sem dúvida	zweifellos
suspeitar	verdächtigen
enganar	betrügen
⚡ **andar com alguém**	mit jdm. gehen
recear	(be)fürchten
francamente	ganz ehrlich
cunhado *m*	Schwager
surpreendido	überrascht

– Sim, ele veio de manhã. Normalmente vinha à tarde, depois das aulas e não tinha tempo para conversar. Desta vez falou do casamento da irmã que vai ser lá para o outono e... sim, ele estava muito preocupado, **sem dúvida**.

– Preocupado? Com quê?

– Ele **suspeitava** de umas coisas...

– Suspeitava de quê? – pergunta Inês admirada.

– Que o Gil **engana** a irmã dele, a Ana Paula. Que ele **anda com** uma colega de trabalho!

– Quer dizer com uma enfermeira?

– O Nuno disse isso. E que às vezes até discutia com o Gil. Eu achei estranho.

– Ele **receava** problemas no futuro?

– Sim, exatamente, e só desejava a felicidade da irmã. Dantes ele confiava no Gil, mas ultimamente tinha certas dúvidas. Eu, **francamente**, pensava que ele gostava do futuro **cunhado**. Fiquei muito **surpreendido**.

– O sr. Coelho sabia disso?
– Não, de modo nenhum. O Nuno não queria dizer nada ao pai. Para não o preocupar. Por isso **desabafou** comigo – explica o sr. Tiago.

Exercício 8: Ordenar. Bringen Sie die Buchstaben in die richtige Reihenfolge und finden Sie fünf krimibezogene Wörter!

1. omihcidoí ____________________
2. ssainasso ____________________
3. recim ____________________
4. tolmra ____________________
5. uroob ____________________

A seguir a inspetora resolve interrogar Gil. Ele está muito triste e chocado. Também não quer acreditar na morte de Nuno. Não compreende o **assassínio** por causa de um telemóvel e de uns euros.

desabafar	sich aussprechen, sein Herz ausschütten
assassínio *m*	Ermordung
desentendimento *m*	Meinungsverschiedenheit

– Você tinha uma boa relação com o irmão da sua noiva? – pergunta Inês.
– Tinha, sim senhora. Uma relação espetacular! Nós éramos muito amigos.
– Eram? E não havia às vezes **desentendimentos** entre vocês os dois?
– Quais desentendimentos?

– Por exemplo, relacionados com a sua relação com uma colega do hospital.

– O quê? Que **disparate** é esse?

– Nuno andava preocupado com isso.

– Só **boatos**! Sem o mínimo fundamento, é mentira – afirma Gil, em voz muito alta.

– Vamos continuar. Você faz serviços noturnos, não faz?

⚡ **disparate** *m*	Unsinn, Blödsinn
boato *m*	Gerücht
honesto	ehrlich, anständig
interromper	unterbrechen
nada a temer	nichts zu befürchten
exaltado	aufgeregt
acusação *f*	Beschuldigung, Anschuldigung
infidelidade *f*	Untreue
aconteci-mento *m*	Ereignis, Geschehnis

– Faço pois! Porquê essa pergunta? Muitas vezes trabalho toda a noite, para sua informação. Olhe[i], às vezes eu trabalho de dia e de noite. Não sou filho de gente rica, mas **honesta**. Além disso, ajudo os meus pais no que posso. Pergunte-lhes se é verdade ou não.

– Isso não tem interesse para o assunto – **interrompe** Inês, resoluta.

– Faça perguntas também no hospital. Você e os seus colegas. Primeiro, informem-se todos bem com quem eu ando. E depois falem comigo outra vez! Não tenho **nada a temer** – responde Gil.

Gil está **exaltado** com as **acusações** de **infidelidade**.

A inspetora continua com o interrogatório. Ela quer ordenar os **acontecimentos** do dia da tragédia.

i Die regelmäßigen Verben auf **-ar** bilden den **Imperativo** in der 3. Person Singular und Plural nach dem Vorbild der 1. Person Präsens Indikativ, allerdings ersetzt man die Endung **-o** durch **-e: olhe! (você), olhem! (vocês)**. Verben auf **-er** und **-ir**, ob regelmäßig oder unregelmäßig, erhalten die Endung **-a: faça! (você), façam! (vocês).**

Exercício 9: Respostas. Beantworten Sie die Fragen!

1. Como está Gil?

____

2. Como é que Gil descreve a sua relação com Nuno?

____

3. O que é que Gil faz muitas vezes no hospital durante a noite?

____

4. Qual é a profissão de Gil?

____

5. O que é que Gil diz sobre os seus meios financeiros?

____

– Então vamos voltar ao dia em que Nuno morreu. Você trabalhou no hospital?

– Trabalhei. Estive de serviço noturno. Mas... porquê tantas perguntas? Não me digam que vocês suspeitam de mim! De mim?

presumir	vermuten, annehmen
sendo assim	wenn dem so ist

– Eu só quero saber o que é que fez durante o dia, é tudo. **Presumo** que, **sendo assim**, teve o dia livre. De certeza que dormiu durante o dia.

– Dormi umas horas, pouco, pouquíssimo.

– Então não dormiu o dia todo.

– Claro que não. Tive de fazer as compras para o restaurante.

Quem faz as compras esta semana, na falta do Nuno? Sou eu! Prometi fazê-lo, faço-o!

suspeito *m*	Verdächtiger
fornecer	liefern

– Está bem. Fez compras. Onde?
– Em Matosinhos. Felizmente que não é longe. Fui lá comprar o peixe e o marisco. É normal, não é? O "Mar e Sol" oferece peixe fresco todos os dias. Foi sempre assim...
– Foi sozinho a Matosinhos?
– Sim. Ana Paula queria acompanhar-me mas tinha de preparar o menu do dia com os cozinheiros.
– Está bem.
– Não acredita em mim? Fale com ela. Pergunte-lhe se é verdade ou não!
– Sim, pode ter a certeza que o vou fazer. De momento não tenho mais questões – responde Inês sem mais comentários.

Obwohl man in Porto hervorragend essen gehen kann, lohnt sich ein Ausflug in die benachbarte Hafenstadt **Matosinhos**. Dort trifft man auf unscheinbare, bodenständige Restaurants, die erstklassige Fischgerichte anbieten.

A inspetora está insatisfeita com a situação: Há um homicídio mas não há um **suspeito** concreto. No local não existem quaisquer vestígios do autor do crime. Falta o telemóvel do morto. É essencial encontrá-lo porque pode **fornecer** indícios do crime. Encontrando o telemóvel, com um pouco de sorte, encontra o assassino ao mesmo tempo.

4 Amores que matam

Inês vai ao hospital onde Gil trabalha. Fala com Linda e Madalena. Ambas as enfermeiras são colegas de Gil. Madalena é a mais velha. Linda é muito mais jovem, da idade de Gil, aproximadamente. Ela tem o nome **apropriado** para ela, pois é realmente uma mulher muito linda e **atraente**. Inês imagina que é ela a amiga de Gil.

apropriado	geeignet
atraente	attraktiv
trabalhador	fleißig
cumprir o dever	eine Aufgabe erfüllen
prestável	hilfsbereit
pronto a	bereit zu
dar-se bem	sich gut verstehen

– D. Madalena, há quanto tempo conhece o Gil? – começa Inês.

– Eu conheço-o desde o seu primeiro dia de trabalho. Quando ele começou, eu já trabalhava aqui há mais de vinte anos.

– Então conhece-o bem, não é verdade?

– Sim, sem dúvida. Gosto muito dele. É um bom rapaz.

– O que quer dizer com isso?

– Ele é filho de boa gente e muito **trabalhador**. **Cumpre os** seus **deveres** e é **prestável**.

– Prestável?

– Sim, está sempre **pronto a** ajudar toda a gente.

– Isso é verdade. É muito boa pessoa e está sempre de bom humor – acrescenta Linda.

– Como é a sua relação com ele? – pergunta-lhe Inês.

– Ótima. Fantástica. Aqui no hospital **damo-nos** todos **bem** com ele. Nós todos: homens e mulheres, sem **exceção**! – afirma Linda com um bonito sorriso.

– Mas correm boatos que ele não tem só qualidades. Diz-se que também tem os seus **defeitos**... pelo menos um, a infidelidade – **esclarece** Inês com **ar sério**.

exceção *f*	Ausnahme
defeito *m*	Fehler, schlechte Eigenschaft
esclarecer	erklären, aufklären
ar *m* **sério**	ernste Miene
⚡ **montes de**	viel, Unmengen von
ourivesaria *f*	Juweliergeschäft
poupar	sparen
com carinho	zärtlich, liebevoll
orgulhoso	stolz
falhar	fehlschlagen

– Não! – exclamam as duas enfermeiras ao mesmo tempo, perplexas.

– Porque é que estão tão seguras disso? – pergunta Inês.

Como resposta, e com o telemóvel na mão, Linda mostra umas fotografias de Ana Paula à inspetora. Gil mandou-as há pouco tempo.

– Olhe, esta foi na Casa da Música🛈. Ana Paula está muito elegante porque celebrou lá o seu aniversário. No dia seguinte o Gil mostrou-nos **montes de** fotografias dela, deles os dois, da família... E não falava noutra coisa.

As duas enfermeiras riem-se.

– Aqui é a Ana Paula numa bela **ourivesaria** – continua Linda –. Ele ofereceu-lhe um medalhão em filigrana🛈, está a ver? De certeza que foi caro, mas ele faz absolutamente tudo por ela. **Poupa** o dinheiro só para lhe poder oferecer o mundo.

Madalena concorda:

– Sim, podemos garantir que ele só tem olhos para Ana Paula, a "Paulinha", como ele lhe chama **com carinho**. Passa a vida a dizer, muito

> In der modernen **Casa da Música** spielt das **Orquestra Sinfónica do Porto.** Der vieleckige Bau sieht ein wenig so aus, als stünde er auf dem Kopf.

orgulhoso, que ela é “espetacular”. É a sua palavra preferida. Claro que ultimamente só fala no casamento.

– Muitas vezes, nós até tentamos mudar de tema. Falamos de futebol, de política, ou de outras coisas, mas não é possível. Não temos chance. A Ana Paula é tudo para ele – explica Linda.

– Imagine que ele sai daqui cansado e vai a toda a pressa para o restaurante. Nos tempos livres, nunca tem uns minutos para tomar qualquer coisa connosco – acrescenta Madalena.

– Só pensa na “Paulinha” dele – interrompe Linda com uma risada. Madalena sorri e conclui:

– É verdade! Nos dias de hoje penso que não há muitas paixões assim. É um amor sem igual. Ele é louco por ela!

Filigrana ist Schmuck aus feinem Gold- oder Silberdrahtgeflecht, das vor allem in der Umgebung von Porto hergestellt und in ganz Portugal hoch geschätzt wird. Ohrringe und Ketten mit Medaillons, die man mehrfach übereinander trägt, sind Bestandteil der prächtigsten Trachten Portugals.

Exercício 10: Completar. Lesen Sie weiter und vervollständigen Sie den Text mit den Präpositionen bzw. den kontrahierten Formen aus Präposition und Artikel!

sem nas ao da de à

Inês acredita 1. ______ enfermeiras. Ela volta 2. ______ esquadra 3. ______ polícia. Os colegas informam-na que, infelizmente, a tentativa 4. ______ encontrar o telemóvel **falhou**. O assassino foi rápido e tirou-lhe o cartão SIM. 5. ______ o cartão não é possível localizar o telemóvel. Então a inspetora resolve ir 6. ______ “Mar e Sol”.

ambição *f*	Ehrgeiz, Antrieb
herdar	erben
herança *f*	Erbschaft
fortuna *f*	Vermögen
valer	wert sein
moradia *f*	Einfamilienhaus
falecido	verstorben
fama *f*	Ruf
assumir	übernehmen
herdeiro/a *m/f*	Erbe/Erbin

Inês pensa agora noutras hipóteses: Quem tinha motivos para assassinar o Nuno? Talvez a Ana Paula? Ela tem as suas **ambições**. O futuro do restaurante significa muito para ela. Quem sabe se ela não queria **herdar** tudo sozinha. A **herança** é uma **fortuna**. O "Mar e Sol" **vale** muito dinheiro. A casa é uma grande **moradia** em bom estado. Além disso, o sr. Coelho também herdou um terreno da sua **falecida** esposa perto de Viana do Castelo. Ela era natural desta cidade. A inspetora faz perguntas muito diretas a Ana Paula.

– O que fez na passada terça-feira?

– Estive aqui na cozinha a preparar o menu, como sempre – responde Ana Paula.

– E o seu noivo?

– Ele deitou-se umas horas porque à noite tinha de trabalhar.

– Quantas horas?

– Sei lá, pouco tempo. À tarde ainda foi a Matosinhos comprar o peixe. Nós servimos aqui peixe do melhor.

– É claro que quer conservar a boa **fama** do restaurante. Você **assumiu** muita responsabilidade. Mas agora é a única **herdeira**. Certamente que não vai ter de se preocupar com problemas de ordem financeira.

Die Stadt **Viana do Castelo** liegt nördlich von Porto, an der Mündung des **Rio Lima** in den Atlantik. Als Symbol für **Viana** gilt das Herz (**coração de Viana**), das als filigraner Kettenanhänger oder Ohrschmuck über die Stadtgrenzen hinaus Bekanntheit erlangt hat.

– Pensa que isso me interessa? Em menos de um ano perdi a minha mãe e o meu irmão. E o meu pai não vai viver muito tempo.

enriquecer	reich werden
pura e simplesmente	schlicht und einfach

– Pois, precisamente, assim **enriquece** de um dia para o outro. Finalmente, tem tudo nas suas mãos. Não foi sempre esse o seu grande desejo? Ser a dona, a chefe. Sozinha!

Exercício 11: Ovelha negra. Welches Wort ist das „schwarze Schaf"? Unterstreichen Sie!

1. restaurante casa hospital moradia risada
2. dias meses semanas ambições anos
3. enfermeira terreno inspetora fornecedor cozinheiro
4. amor fama alegria carinho felicidade
5. também jamais às vezes sempre nunca

Ana Paula diz em voz muito alta:
– Mas...? Você está a suspeitar de mim? Pensa que eu era capaz de fazer mal ao Nuno? Eu? Ao meu querido irmão. E como vai ser agora com o "Mar e Sol"? Eu não posso fazer tudo sozinha. Só tenho dois braços. O que é que eu faço sem o Nuno? Diga-me lá!
– Quem está aqui para fazer perguntas sou eu! Você **pura e simplesmente** responde. E por favor noutro tom – afirma Inês com calma.

– Eu e o Nuno fomos sempre amigos. Inseparáveis! Ele era o meu único irmão. Quando ele não estava em casa, escrevia-me várias vezes. Contava-me tudo. No próprio dia da sua morte também foi assim – explica Ana Paula.

– Posso ver as mensagens? – pergunta Inês.

– Pode! Veja, faz favor – responde Ana Paula e entrega o telemóvel à inspetora.

Inês lê diversas mensagens. Muitas delas são de Gil. Outras são de Nuno. A inspetora **nota imediatamente** que o estilo de Gil é completamente diferente do de Nuno. Gil utiliza vários **pontos de exclamação**, em quase todas as frases. Na mensagem de Peniche lê-se: "Um pôr do sol espetacular!!". Inês **lembra-se** da conversa com a enfermeira Madalena e da palavra preferida de Gil: "espetacular". Quem sabe se Gil é o autor da mensagem?

notar	(be)merken
imediatamente	sofort
ponto *m* **de exclamação**	Ausrufezeichen
lembrar-se	sich erinnern
determinado	entschlossen, resolut
lutar	kämpfen

– O que acha da expressão "um pôr do sol espetacular"? – pergunta Inês.

– O que eu acho? Quem escreveu isso foi o Nuno, não fui eu – responde Ana Paula admirada.

– Pois, mas a palavra "espetacular" não é típica dele.

Determinada, a inspetora dirige-se a seguir a casa dos pais de Gil. Ele prepara-se para ir para o trabalho. Vê-se bem que está extremamente cansado. Inês diz um "bom dia" e confronta-o diretamente.

– Na terça-feira, você sabia perfeitamente onde Nuno estava. Você foi atrás dele. É ou não?

Muito nervoso, ele responde em voz baixa:

– Sim.

Exercício 12: Palavra escondida. **Leiten Sie die Substantive von den Verben ab und enträtseln Sie das Lösungswort!**

1. morrer □ _ _ _ _
2. encontrar □ _ _ _ _ _ _ _
3. tentar _ _ □ _ _ _ _ _ _
4. responder _ _ □ _ _ _ _ _
5. herdar _ _ _ _ _ _ □
6. viajar _ _ _ □ _ _
7. suspeitar _ _ _ _ □ _ _ _
8. casar _ _ _ _ □ _ _ _ _

Lösung: □ □ □ □ □ □ □ □

– Então o álibi das compras é falso!

– Sim, é.

– Pode responder algo mais do que “sim”? O que se passou concretamente?

– Pois, Ana Paula contou-me que ele estava na Costa Nova. Eu fui lá e encontrei-o na praia a surfar. Ele começou logo a discutir comigo, como sempre. Provocou-me. Desta vez foi longe demais.

– Nuno pensava que você tinha uma outra, não é? Mas enganou-se...

– Assim é. Nesse momento eu perdi a cabeça. **Lutámos** e eu

peguei na prancha dele. **Bati-lhe** com ela com tanta força quanta tinha. Ele caiu. Pensei que estava morto...

– E depois?

– A seguir enterrei-o na areia. É tudo.

Gil mostra-se **aliviado** e continua:

– Há muito tempo que eu **me** queria **livrar dele**. Ele era um grande arrogante. Pensava que era melhor que os outros. Era muito diferente de Ana Paula. Ela é espetacular. **Merece** herdar tudo.

pegar	nehmen, greifen
bater a alguém	jdn. schlagen
aliviado	erleichtert
livrar-se de alguém	jdn. loswerden
merecer	verdienen
desconfiar	Verdacht schöpfen
deliberadamente	vorsätzlich, absichtlich
prova *f* **de amor**	Liebesbeweis
ter razão	recht haben

Exercício 13: Erros. Lesen Sie weiter und unterstreichen Sie die richtige Antwort!

Agora a **1.** enfermeira / inspetora compreende. Gil enviou mensagens e fotografias do telemóvel do **2.** Nuno / Ana Paula. Assim, todos pensavam que ele **3.** estava / era bem. Ninguém podia **desconfiar** de nada. Gil agiu **deliberadamente**. Trata-se de **4.** homicídio / fortuna. Inês vê o caso praticamente resolvido. Para Gil, **5.** encontrar / assassinar o futuro cunhado foi quase uma **prova de amor**. As enfermeiras **tinham** realmente **razão**. Ele é mesmo louco pela **6.** amiga / noiva.

Agora Inês tem a certeza que Ana Paula mentiu. Ela **encobriu** Gil, por isso também está **envolvida** no caso. A inspetora volta ao restaurante. Primeiro informa Ana Paula que Gil **confessou**. Ela fica furiosa. **Está** quase **fora de si**. Inês não compreende esta reação tão extrema. Por causa dum falso álibi...

encobrir	decken
envolvido	verstrickt, beteiligt
confessar	gestehen
estar fora de si	außer sich sein
⚡ **palerma** *m/f*	Dummkopf, Schwachkopf
excitado	verärgert, angespannt
acabar com	*hier:* umbringen
passar por	scheinen, aussehen nach
de uma vez por todas	ein für alle Mal
estar farto	es satt haben, genug haben

– Ele, o **palerma**ⓘ contou tudo, não foi? – pergunta Ana Paula muito **excitada**.

– Sim – responde a inspetora.

– Então vocês agora sabem tudo. Fui eu, sim senhora!

– Foi você o quê?

– Fui eu quem o mandou à Costa Nova para **acabar com** o meu irmão.

– Acabar com o seu irmão? – repete a inspetora.

ⓘ Männliche Substantive enden meistens auf **-o: o caso**, weibliche meistens auf **-a: a praia**. Es gibt jedoch auch Substantive auf **-a**, die beide Geschlechter bezeichnen: **o/a colega, o/a palerma.**

– Sim. Naquela praia **passava por** ser um acidente. E era a melhor maneira de me livrar dele. **De uma vez por todas**. Há muito tempo que **estou farta** de partilhar tudo com ele. O restaurante pertence-me. A mim! Sim, o meu grande sonho foi sempre esse: o “Mar e Sol” só para mim e para o Gil!

A polícia está perplexa. Não contava com tal **viragem** no caso. Que par mais criminoso! E Gil foi sempre fiel, até ao fim. Por amor foi capaz de tudo.

viragem *f*	Wende, Wendung

Exercício 14: Prefixos. Ordnen Sie die Adjektive den Vorsilben zu und bilden Sie sinnvolle Gegenteile!

1. ☐ in-	**a)** mortal
2. ☐ des-	**b)** fiel
3. ☐ ir-	**c)** possível
4. ☐ im-	**d)** real
5. ☐ i-	**e)** conhecido

Uma aventura no São João

Maria José Aureliano Vilas Boas

1 A notícia

Assaltos na invicta
PJ em alerta

assalto *m*	Überfall
invicta *f*	Porto
PJ *f* **(Polícia Judiciária)**	Kriminalpolizei
em alerta	alarmiert, wachsam
obra *f* **de arte**	Kunstwerk
Câmara *f*	Gemeinde
pista *f*	Spur
roubo *m*	Diebstahl
rede *f* **de contrabando**	Schmuggler-netz/-ring
recear	(be)fürchten
agitado	unruhig
caso *m*	Fall

Jornal de Matosinhos

Depois dos misteriosos assaltos, nos últimos feriados na invicta, a polícia está em alerta. Museus, galerias e fundações perderam muitas **obras de arte**. Na **Câmara** da cidade falta o histórico violoncelo da Guilhermina Suggia[i]. Até agora não há nenhuma **pista**, mas a polícia pensa que há uma relação entre estes **roubos** e que se trata duma **rede de contrabando** organizada. **Receia-se** um 23 e 24 de junho **agitados**. (...)

Henrique Mendes

Guilhermina Suggia (1885-1950) war eine herausragende portugiesische Cellistin, die nicht nur frühzeitig von **Pau Casals** unterrichtet wurde, sondern mit 18 Jahren bereits im Leipziger Gewandhausorchester spielte. Ihrer Karriere stand damit nichts mehr im Weg.

– Bom dia, agente Diogo. Conhece já o artigo desta manhã? É do seu irmão, não é?

– Bom dia, inspetor Rodrigues. Sim, o Henrique está há pouco tempo no jornal de Matosinhos. Achou o **caso** um enigma e ficou com ele. Ele é muito **curioso** e quer ajudar-nos - diz o Diogo.

- Toda a ajuda é bem-vinda, mas este caso não é fácil - diz o inspetor Rodrigues.

- Até agora os **larápios não deixaram rasto**. Por um lado, isso é um problema para nós.

- Sim, mas, por outro lado, Diogo, isso pode querer dizer, que é o mesmo grupo. Estes assaltos no dia 25 de abril[i], primeiro de maio e 10 de junho[i] só podem ser da mesma **quadrilha**, penso.

curioso	neugierig
larápio *m*	Einbrecher
não deixar rasto	spurlos verschwinden
quadrilha *f*	Diebesbande
véspera *f*	Vortag
PSP *f* **(Polícia de Segurança Pública)**	Schutzpolizei
GNR *f* **(Guarda Nacional Republicana)**	Schutzpolizei in ländlichen Regionen
à paisana	in Zivil
lamentar	bedauern
ter folga	frei haben
contar com alguém	auf jdn. zählen
prudente	klug, clever

Der 25. April ist in Portugal Nationalfeiertag infolge der Nelkenrevolution 1974, einem Militärputsch gegen die autoritäre Diktatur des **Estado Novo.**

Para a **véspera** do próximo feriado e no dia feriado já temos a ajuda da **PSP** e da **GNR**. Organizei, também, alguns agentes **à paisana**. Nada pode falhar. Vou precisar de si. **Lamento** muito, Diogo. Sei que queria **ter folga** nesses dias, mas **conto consigo**. Como o seu irmão escreve no artigo, PJ em alerta!

- Com certeza, inspetor Rodrigues. Pode contar comigo.

Am 10. Juni ist portugiesischer Nationalfeiertag, **o Dia de Portugal, de Camões e das Comunidades Portuguesas.**

O inspetor Rodrigues trabalha com o Diogo há alguns anos. Conhecem-se bem. Gostam de trabalhar juntos. Rodrigues é um excelente profissional, competente e muito **prudente**.

Exercício 1: Combinar. Welche der folgenden Satzteile gehören zusammen? Ordnen Sie zu!

1. ☐ O Rodrigues acha que — **a)** irmão do Diogo e jornalista.
2. ☐ O Diogo trabalha como — **b)** alarmaram os portuenses.
3. ☐ Henrique Mendes é — **c)** trabalhar no próximo feriado.
4. ☐ No Porto, os assaltos — **d)** é a mesma quadrilha.
5. ☐ O Diogo tem de — **e)** agente da PJ.

O Diogo e o irmão mais novo, o Henrique, **dão-se** muito **bem**. O Diogo tem 30 anos e o Henrique tem 22. São muito diferentes fisicamente: o mais velho é louro como a mãe e o mais novo é moreno como o pai. São os dois altos, mas o Diogo é mais magro do que o Henrique. Gostam muito de fazer *jogging* e de andar de bicicleta. Quando têm tempo livre gostam de ir a concertos e de viajar. Estudaram na invicta e ali moram desde crianças. Os dois jovens moram juntos na casa dos pais desde que os pais, professores universitários **reformados**, se mudaram para uma pequena **aldeia** onde vivem. A casa é um **T3** na Foz do Douro[i]. Um bonito apartamento com três quartos, dois quartos de banho, uma sala de estar ampla e uma cozinha. Tem também uma va-

dar-se bem	sich gut verstehen
reformado	im Ruhestand
aldeia *f*	Dorf
T3 *m*	Dreizimmerwohnung

Foz do Douro, die „Mündung des Douro" in den Atlantik, ist als ein teures und schickes Viertel bekannt.

randa grande com vista para o rio e para o mar. O sítio é muito tranquilo e bonito. Os dois irmãos gostam muito de viver ali pois não estão muito longe do centro e dos seus trabalhos.

sagrado	heilig
aventura *f*	Abenteuer
correr	laufen
cansativo	anstrengend

Há algum tempo, combinaram festejar a noite de São João e o feriado com o primo Pedro, um jovem de 19 anos que nunca festejou o São João no Porto. O Diogo sabe que para o Henrique esta festa é **sagrada**. Também sabe que, para o primo, vir ao Porto sozinho é uma **aventura**. Mas agora o Diogo tem de trabalhar. Para ele, o trabalho está em primeiro lugar. Ele gosta muito da sua profissão e sabe que, muitas vezes, não é fácil. À noite, em casa, fala com o Henrique.

Exercício 2: Verdadeiro ou falso? Welche Aussagen sind richtig? Kreuzen Sie an!

1. O Diogo e o Henrique moram num T0. ❐

2. Os dois irmãos moram em Matosinhos. ❐

3. Viver na Foz do Douro é caro. ❐

4. O Henrique vai festejar o São João com o irmão. ❐

5. O Pedro é irmão do Henrique e do Diogo. ❐

– Tudo bem? Então como **correu** o teu dia? – pergunta o Diogo.
– **Cansativo**. Já têm alguma pista sobre o caso do artigo? – pergunta o Henrique.
– Infelizmente, não. E tu?
– Ainda não. Mas tu sabes como eu sou curioso. Ainda vou

escrever outro artigo a **desvendar** esta história. Vais ver!

desvendar	aufdecken
preocupado	besorgt
temer	(be)fürchten
contactável	erreichbar
avisar alguém	jdm. Bescheid geben
preocupar-se	sich Sorgen machen

– Muito bem! Olha, tenho uma coisa para te dizer... – começa o Diogo.
– Boa ou má?
– Tenho de trabalhar nos dias 23 e 24.
– Má! É por causa do caso?
– Sim. Tenho de ajudar o chefe. Ele está muito **preocupado**, nunca o vi assim.
– Compreendo. Achas que pode mesmo haver novo assalto? – pergunta o Henrique.
– É possível. Os museus e as galerias da cidade estão muito alarmados e **temem** os bandidos.
– Compreendo. Bem, agora é um pouco tarde para dizer ao Pedro para não vir. Ele sonha com a festa há tanto tempo e chega da Guarda, no dia 23 que é já depois de amanhã. Vem ao fim da tarde. Eu tenho folga na redação do jornal, no feriado... mas também vou estar atento, é claro – diz o Henrique.
– Olha, festeja tu com ele e explica-lhe que tenho mesmo de trabalhar. Ele vai compreender – diz o Diogo.
– Eu depois falo com ele. E na noite de São João, estás **contactável**? Qualquer coisa, **avisa-me**, por favor! Tu sabes como eu quero escrever mais sobre este caso! – diz o Henrique.
– Claro, não **te preocupes** – diz o Diogo.

Im musikalischen Kontext wird „spielen" mit **tocar** übersetzt:
O Pedro toca guitarra. Geht es sportlich zu, benutzt man **jogar:**
O pai joga às cartas com o filho.
O filho joga futebol.
Brincar bezieht sich auf das Spiel bzw. die Aktivität allgemein:
A Maria brinca com os filhos.

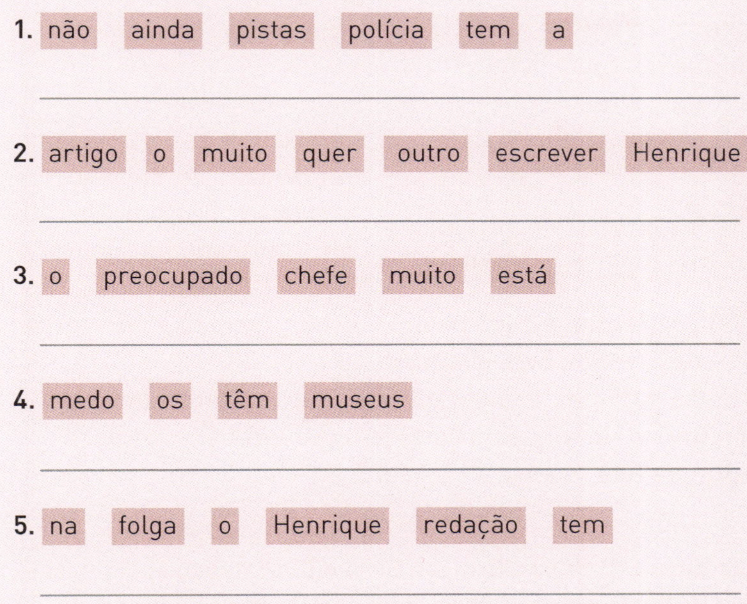

Exercício 3: Sintaxe. Bringen Sie die Wörter in die richtige Reihenfolge!

1. não ainda pistas polícia tem a

____

2. artigo o muito quer outro escrever Henrique

____

3. o preocupado chefe muito está

____

4. medo os têm museus

____

5. na folga o Henrique redação tem

____

No dia 23 de junho, **à tardinha**, o Pedro chega à estação central do Porto. Vem para festejar, pela primeira vez, o São João com os primos. Ele é estudante em Coimbra. Ali vive numa **república** e tem muitos colegas. Ele toca guitarra portuguesa na **tuna da universidade**.

O Henrique espera já na estação.

– Que caos! O que é que se passa aqui? – pensa.

à tardinha	am Spätnachmittag
república *f*	Studentenwohnheim
tuna *f* **da universidade**	Studentenkappelle

cartaz *m*	Plakat
empresário *m* **de sucesso**	erfolgreicher Unternehmer
bem-disposto	gut gelaunt
↯ **bué de fixe**	sehr gut

Alguns jornalistas e muitos portuenses com **cartazes** de boas-vindas também estão ali. Há também alguns agentes da PSP e da GNR porque há muita gente. Todos esperam o senhor António Gomes e Silva. Trata-se de uma figura importante, um **empresário de sucesso**. Os portuenses gostam muito dele. Entretanto, ao longe, o Pedro vê o primo.

Die Form **pá**, Abkürzung von **rapaz**, wird in der Umgangssprache vor allem von Jugendlichen verwendet. **Tudo bem, pá?**

– Então, Henrique, tudo bem? Olha tanta gente à minha espera! – diz o Pedro, **bem-disposto**.

– Então pá(i), finalmente no Porto! Que tal correu a viagem? – pergunta o Henrique que está feliz por receber o primo.

– **Bué de fixe** – responde o Pedro.

Exercício 4: Ordenar. Bringen Sie die Buchstaben in die richtige Reihenfolge und finden Sie fünf Berufsbezeichnungen!

1. irpoenst ____________________
2. rotaljisan ____________________
3. tenage ____________________
4. ettenudas ____________________
5. ápresrimeo ____________________

2 A curta entrevista

O empresário, de uns setenta e poucos anos, viajou de Vila Real de comboio, em primeira classe. Pela primeira vez, vem com ele, o filho. Um homem de mais ou menos uns cinquenta anos, alto, **sorridente** e muito **orgulhoso** do pai e da empresa que em breve vai dirigir. O empresário está muito feliz por estar no Porto.

– Sabes quem é? – pergunta o Pedro.

– Sim, é o **benfeitor** da invicta, o senhor Gomes e Silva. É natural do Porto, mas mora no Peso da Régua. Tem uma **empresa** de vinhos de sucesso: a *Gomes e Silva*. Ele adora a sua **terra natal**. Aqui, **desenvolveu** muito o turismo e **criou** muito **emprego**. Todos gostam muito dele. Eu acho-o simpático.

entrevista *f*	Interview
sorridente	lächelnd
orgulhoso	stolz
benfeitor *m*	Wohltäter
empresa *f*	Unternehmen
terra *f* **natal**	Heimat
desenvolver	entwickeln, ankurbeln
criar emprego	Arbeitsplatz schaffen
rabelo *m*	Douroschiff
desfilar	vorbeiziehen

– Também vem festejar o São João? – pergunta o Pedro.

– Ele recebeu um convite da Câmara do Porto para abrir a tradicional regata ⓘ dos **rabelos** no feriado, amanhã. Na regata vão **desfilar** também rabelos da empresa dele.

ⓘ Die sogenannte **Confraria do Vinho do Porto**, die Portwein-Bruderschaft, organisiert am 24. Juni die **Regata de Barcos Rabelos**. Gestartet wird das Bootsrennen in **Cabedelo**, das Ziel ist **Ribeira**.

– E quem é o outro homem que vem com ele?
– É o filho. Curioso, nunca o vi com o pai...
O Henrique fica **intrigado**. Rapidamente, os jornalistas aproximam-se do **ilustre** convidado. Todos querem **entrevistar** o benfeitor. O Henrique também e, de repente, mesmo de folga, pergunta-lhe:
– Qual é o futuro da *Gomes e Silva* agora que o senhor benfeitor **se** vai **afastar** da direção?
– A Gomes e Silva é **líder no mercado**. Isso não muda, mesmo sob a direção da nova **geração** – responde o benfeitor de forma clara e precisa. Olha para o filho e sorri.
Há muitas mais perguntas no ar, mas pai e filho deixam a estação de São Bento[i] e seguem de carro para o hotel.

Exercício 5: Pronomes. Ersetzen Sie die unterstrichenen Satzteile durch die entsprechenden Objektpronomen!

1. O filho acompanha o pai pela primeira vez.

____

2. O benfeitor recebeu um convite.

____

3. O senhor António Gomes e Silva adora a sua terra natal.

____

4. O benfeitor desenvolveu o turismo.

____

5. O Henrique acha o benfeitor simpático.

____

Die Eingangshalle des Bahnhofs **São Bento** zieht Reisende in ihren Bann. Mehr als 20.000 blaue Fliesen des Malers **Jorge Colaço** vermitteln ein authentisches wie anschauliches Stück portugiesische Geschichte.

– Mas, vamos festejar o São João ou não? – pergunta o Pedro, **impaciente**.

– Claro que vamos! – responde o Henrique.

Os dois primos deixam as mochilas num **cacifo**, na estação e descem à Ribeira. Está um fim de tarde bonito. Os dois jovens divertem-se e tiram algumas *selfies* na ponte D. Luís.

Por todo o lado, sente-se o tradicional cheiro a manjerico(i). Os dois primos leem algumas quadras de manjericos que uma vendedora vende na rua.

– Henrique, olha: "Ó meu rico São João, ó meu rico **Padroeiro**; Dá-me sempre **proteção** e não me faltes com o dinheiro!" – lê o Pedro e ri-se.

intrigado	neugierig
ilustre	berühmt
entrevistar	interviewen, befragen
afastar-se	sich zurückziehen, entfernen
líder *m* **no mercado**	Marktführer
geração *f*	Generation
impaciente	ungeduldig
cacifo *m*	Schließfach
padroeiro *m*	Schutzheiliger
proteção *f*	Schutz
guardar	beschützen
livrar	befreien

São João wird mit Herz gefeiert. Eine schöne Tradition besteht darin, geliebten Menschen einen kleinen Topf Basilikum (**manjerico**) zu schenken. Darin steckt eine gelbe Papiernelke zusammen mit einem Reim, der Glück bringen, oder einem Wunsch, der in Erfüllung gehen soll.

– Olha esta: "Ó Santo Padroeiro vem o nosso Porto **guardar**; Dá-nos uma festa animada e de novo assalto vem nos **livrar**!" – lê o Henrique.

– Novo assalto? Não compreendo – diz o Pedro.

– Não sei se ouviste falar dos

assaltos nos últimos feriados, aqui no Porto. No 25 de abril, primeiro de maio e 10 de junho **roubaram** muitas obras de arte... – explica o Henrique.

roubar	stehlen
seguir	verfolgen
↯ **coitado** *m*	der Arme, der Ärmste
bandeirinha *f*	Fähnchen

– Não, não ouvi falar.

– Aqui, não se fala de outra coisa... É um caso que **sigo**, atualmente, no jornal. A polícia acha que é uma quadrilha e teme que assaltem(i), novamente. Por isso, há tanta polícia nas ruas e o Diogo tem de trabalhar...

Verben, die im Hauptsatz ein Gefühl oder eine Hoffnung ausdrücken, fordern im Nebensatz den **Conjuntivo: Rodrigues tem medo que assaltem o museu.**

– **Coitado** do Diogo! E tu?

– O São João, para mim, é sagrado, mas é claro que vou estar atento e, qualquer novidade, o Diogo avisa-me – explica o Henrique.

– Compreendo... Mas com tanta gente na cidade, achas que é possível novo assalto? – pergunta o Pedro.

– Não sei.

– Eu acho que não.

– Com tanta polícia, se calhar é mais difícil – comenta o Henrique –. Oxalá tenhas razão.

Os dois jovens enviam uma *selfie* para o Diogo e desejam-lhe, por *whatsapp*, bom trabalho.

O fim de tarde está quente. Os dois primos passeiam na Baixa da cidade. Há muita música. Ouve-se o som do martelinho(i) de São João a bater na cabeça do vizinho. Há **bandeirinhas** de papel

Der Hammer! Viele Teilnehmer sind zur **Festa de São João** mit einem bunten Hammer (**martelinho**) aus Plastik oder Gummi bewaffnet. Ein gezielter – weicher – Schlag auf den Kopf des Nebenstehenden soll demjenigen Glück bringen.

colorido, cascatas e **montras** muito bem decoradas. À noite, há muita gente na cidade. Os dois jovens saboreiam a típica **sardinha assada**.

Exercício 6: Indicativo ou conjuntivo? Unterstreichen Sie die richtige Verbform!

1. É claro que os dois jovens se divertem / se divirtam.

2. A polícia acha que é / seja uma quadrilha.

3. A polícia teme que a quadrilha rouba / roube novamente.

4. Os portuenses querem que o São João é / seja tranquilo.

5. Oxalá o Pedro tem / tenha razão.

– Pá, as sardinhas estão deliciosas! – comenta o Pedro.
– Claro, estão daqui! – concorda o Henrique, levando a mão à orelha direita. – Olha, o Diogo diz que na esquadra está tudo tranquilo. Deseja-nos bom apetite.
– Felizmente!
Já perto da meia-noite, os dois primos **assistem** à largada de **balões de ar** e, por fim, ao espetacular **fogo de artifício** na Ribeira. Mas com estes momentos mágicos o dia ainda não acaba para os dois rapazes. Voltam à estação de São Bento para buscar as mochilas. Precisam delas porque o Henrique tem uma **surpresa** para o primo:
– Esta noite, vamos dormir na praia!

montra *f*	Schaufenster
sardinha *f* **assada**	gegrillte Sardine
assistir	zuschauen
balão *m* **de ar**	Luftballon
fogo *m* **de artifício**	Feuerwerk
surpresa *f*	Überraschung

– A sério? – pergunta o Pedro, **entusiasmado** pois adora a praia e o mar.
Os dois primos **montam** uma pequena **tenda** e sentam-se na **areia** da Praia dos Ingleses[i]. Alguns jovens também estão ali: **saltam** a **fogueira**, cantam, bebem cerveja, riem...

Exercício 7: Definições. Ordnen Sie den Gegenständen die passende Definition zu!

1. ☐ o martelinho	**a)** Tem cheiro intenso.
2. ☐ o manjerico	**b)** Peixe que se come no São João.
3. ☐ as bandeirinhas	**c)** É de plástico para bater na cabeça.
4. ☐ a sardinha	**d)** Bebe-se fresca.
5. ☐ a cerveja	**e)** Pequenos papéis coloridos.

Entretanto, cai a típica **orvalhada** da noite de São João e as fogueiras apagam-se. Os dois jovens, sozinhos na praia, vestem o **impermeável** e continuam sentados, agora às escuras, a conversar.
– Estou a gostar imenso do São João! – diz o Pedro.
– É uma grande festa! – afirma o Henrique –. E amanhã, quero dizer, hoje, porque já é dia 24, temos a regata dos barcos rabelos! É também espetacular, vais ver!
– Imagino. E antigamente também havia tanta gente nas ruas? Como era o São João dantes?

An der **Praia dos Ingleses** ragen ein paar Felsen bis ins Meer hinein, ansonsten lässt es sich gemütlich im feinen Sand sitzen. Ein schöner Brauch zur Sommersonnenwende ist es, kleine Lagerfeuer anzuzünden und über sie hinüberzuspringen – eine ungerade Anzahl verheißt Glück!

– Dantes, era um pouco diferente. Não havia tanta gente como agora, mas também era muito diverti...
Naquele momento, o Henrique vê, ao longe, dois **vultos**. Fica intrigado e, por isso, não **consegue** terminar a frase.
– Estás a ver o que eu estou a ver, Pedro? – **sussurra** o Henrique.
– Sim, vejo dois vultos, mas está muito escuro e a luz do **farol** é tão **imprecisa** que não deixa identificar o que é...

entusiasmado	begeistert
montar	aufbauen
tenda *f*	Zelt
areia *f*	Sand
saltar	(über)springen
fogueira *f*	Lagerfeuer
orvalhada *f*	Tau
impermeável *m*	Regenjacke
vulto *m*	Gestalt
conseguir	schaffen, gelingen
sussurrar	flüstern
farol *m*	Leuchtturm
impreciso	vage, schwach

Exercício 8: Respostas. Welche Sätze sind richtig? Kreuzen Sie an!

1. ❑ **a)** O Henrique tem uma surpresa para o primo.
   ❑ **b)** O Pedro tem uma surpresa para o primo.

2. ❑ **a)** A gente salta a fogueira na ponte D. Luís I.
   ❑ **b)** A gente salta a fogueira na Praia dos Ingleses.

3. ❑ **a)** O Henrique vê ao longe dois vultos.
   ❑ **b)** O Henrique vê ao longe dez vultos.

3 Os estranhos rabelos

A noite está fria e a praia, **deserta**. O Pedro e o Henrique andam por cima das rochas. Querem muito saber o que são aqueles vultos que viram ao longe.

– **Cuidado!** Não achas que é perigoso? A **maré** está **vaza**, mas a qualquer momento pode mudar, não é? – pergunta o Pedro, **receoso**.

– Não te preocupes, eu conheço o mar. A maré muda, mais ou menos, de seis em seis horas. Ainda é cedo – o Henrique tranquiliza-o –. Vou saltar mais uns rochedos para ver se vejo melhor.

– De acordo, eu sigo-te.

A certa altura, o Pedro fica dois passos **à frente do** Henrique.

estranho	seltsam, merkwürdig
deserto	menschenleer
cuidado!	Vorsicht!
maré *f* **vaza (~ baixa)**	Ebbe
receoso	ängstlich
à frente de	vor
⚡ **que chatice!**	So ein Mist!
avançar	vorankommen
onda *f*	Welle

– Então, o que é? – pergunta o Henrique, curioso.

– **Que chatice!** Não se vê nada...

– Absolutamente, nada. Se calhar são apenas rochas... – afirma o Henrique.

– Rochas não me parecem... – diz o Pedro. – São uns vultos grandes...

Os dois jovens **avançam** mais um pouco. Na noite escura só se ouve o som das pequenas **ondas**. A luz do pequeno farol não ajuda nada.

– Parecem barcos – diz o Pedro. O Pedro tem razão. E, agora, o Henrique vê também:
– Olha, são dois barcos rabelos! **Com a breca**, parecem **à deriva** e cheios de **mercadorias**. Mas o que fazem aqui?
– Se calhar estão aqui para a regata.
– Creio que não. A regata inicia no Cabedelo e não aqui...
– É misterioso... – diz o Pedro.

ϟ **com a breca!**	Donnerwetter!
à deriva	richtungslos treibend
mercadoria *f*	Ware
atracar	anlegen
nem... nem	weder ... noch
ϟ **ficar em pulgas**	misstrauisch sein
fato *m* **de mergulhador**	Taucheranzug
surgir	auftauchen

– Estes rabelos são da empresa *Melo e Brandão*. É uma empresa de vinhos, ainda jovem, mas já é conhecida no mercado – comenta o Henrique. Ele, como jornalista, gosta de mistérios e procura aventuras. Por isso quer saber mais.

Exercício 9: Adjetivos. Lesen Sie weiter und ergänzen Sie die richtigen Übersetzungen! Aufgepasst, die Adjektive müssen noch an das Bezugswort angeglichen werden.

Ele conhece bem aquela praia, sabe que nunca ali **atracaram** barcos **nem** **1.** groß ________________, **nem** **2.** klein ________________ e muito menos **3.** voll ______________ de mercadorias. O jornalista **fica em pulgas**. Os dois jovens aproximam-se mais das embarcações. O silêncio da noite **4.** dunkel ________________ intensifica-se. De repente, um homem **5.** groß ________________ e corpulento vestido com um **fato de mergulhador surge-lhes** das águas.

– Ai! **Que susto** – gritam os dois primos.
– O que fazem aqui? Já é bastante tarde, não acham? – pergunta-lhes o mergulhador.
– Nós... – tenta o Henrique responder.
– Porque é que não vão dormir, como todos fazem a esta hora? Não estão cansados da festa?
– Nós...
– Vão-se embora, já disse? – diz o homem de forma **severa**.
– Mas o que fazem estes barcos aqui? – pergunta o Henrique, com firmeza.
– Não sei... **Ouçam**, preciso de silêncio para **pescar polvos**. A maré daqui a pouco muda. Já estou a **perder a paciência**... – diz irritado.
Desiludidos, os dois jovens olham um para o outro. Ainda não sabem o que fazem ali aqueles barcos.
– Desculpe, boa noite, então e boa pesca.
Despedem-se do desconhecido. O mergulhador segue-os com o olhar, muito irritado. Na primeira **oportunidade**, os dois jovens, cheios de curiosidade, **escondem-se** atrás de uns rochedos. O mergulhador não vê.
– Que antipático... – diz o Henrique, baixinho.
– **Sem dúvida**! – concorda o Pedro –. Parece que não gostou de nos ver.
– Além disso, não respondeu à minha pergunta e parece que não quer pescar coisa nenhuma...
– Pois é!

que susto!	Schreck lass nach!
severo	streng, ernst
ouvir	hören
pescar	angeln
polvo *m*	Oktopus
perder a paciência	die Geduld verlieren
desiludido	enttäuscht
oportunidade *f*	Gelegenheit
esconder-se	sich verstecken
sem dúvida	zweifellos

– Parece que está a **vigiar** o lugar, não achas?

– Ou à espera de alguém... – diz o Pedro já com um bocadinho de medo.

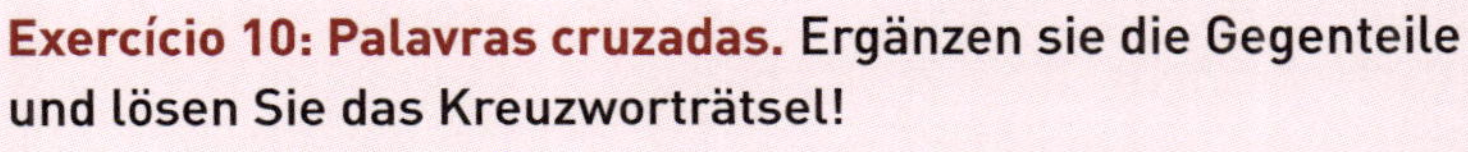

Exercício 10: Palavras cruzadas. Ergänzen sie die Gegenteile und lösen Sie das Kreuzworträtsel!

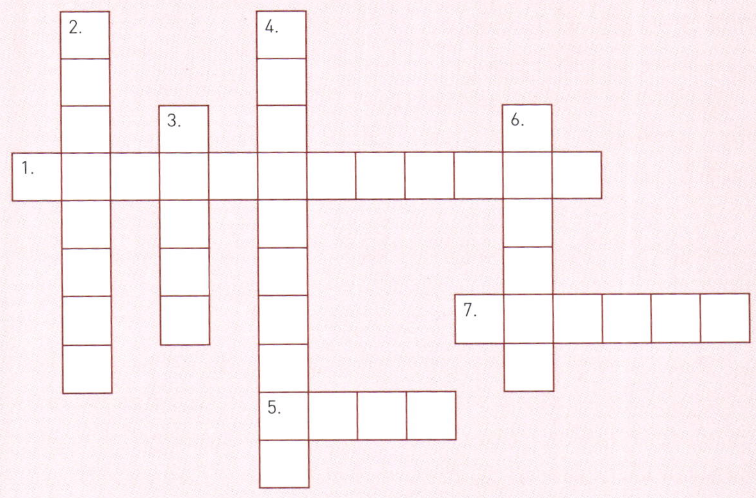

1. afastar-se **2.** pergunta **3.** manhã **4.** simpático

5. tarde **6.** clara **7.** pequeno

Os dois jovens **observam**, no silêncio da noite, o que se passa. A certa altura, uma **carrinha** grande e preta **estaciona** perto da praia, na avenida Brasil. Da carrinha saem três tipos vestidos de negro e **encapuzados**.

vigiar	bewachen
observar	beobachten
carrinha *f*	Lieferwagen
estacionar	parken
encapuzado	vermummt

– Quem são aqueles homens que lá vêm? – pergunta o Pedro.
– Não parecem pescadores... – diz o Henrique.
– Pois não!
Os três homens, altos e fortes dirigem-se para o mergulhador. Parece que se conhecem.
– Tudo tranquilo, chefe.
– Muito bem. Podem **descarregar** os rabelos. Mas atenção: muito cuidado com as **peças**, **valem** milhões! – ordena o mergulhador, nervoso e preocupado.
– Milhões? Olha que **espertinho**ⓘ... – pensa o Henrique que filma com o telemóvel. – Oxalá o mergulhador e os três desconhecidos não se apercebam de nada.
O condutor da carrinha também está vestido de negro e encapuzado. Fica junto à viatura e, por entre as **colunas** brancas do passeio da Foz, **cobre-lhes** a operação. **Carrega**, energicamente, a viatura com os imensos volumes que lhe vão passando.

descarregar	entladen
peça *f*	(Sammler-) Stück
valer	wert sein
⚡ **espertinho**	schlau, gerissen
coluna *f*	Säule
cobrir	decken
carregar	beladen

Exercício 11: Combinar. Bilden Sie sinnvolle Ausdrücke!

1. ☐ esconder-se	a) a carrinha
2. ☐ descarregar	b) a operação
3. ☐ carregar	c) milhões
4. ☐ cobrir	d) os rabelos
5. ☐ valer	e) atrás de uns rochedos

O Henrique ativa o zoom para filmar todos os detalhes. O jovem jornalista mal pode crer no que vê. Os homens, sob o olhar atento do mergulhador, carregam os volumes. Estes estão **tapados** com um **pano** escuro. Por vezes, parecem **leves**, outras vezes, parecem muito **pesados**. Pela forma dos objetos, alguns parecem ser **quadros** ou **espelhos**, **bustos**, **estátuas**, instrumentos musicais e ou até **móveis** talvez de coleção... Os dois primos observam em silêncio. O jornalista está perplexo e continua a filmar. Está seguro de que aqueles homens são ladrões e de que aquele mergulhador os **enganou**.

tapado	abgedeckt, bedeckt
pano *m*	Tuch
leve	leicht
pesado	schwer
quadro *m*	Gemälde
espelho *m*	Spiegel
busto *m*	Büste
estátua *f*	Statue
móvel *m*	Möbelstück
enganar	täuschen, irreführen

Die Verkleinerung dient hier einer ironischen Äußerung.

4 Valha-nos São João

– Vamos, **despachem-se**! **Não tarda** a **ronda** da PSP, novamente! Rápido e cuidado com as obras de arte! – ordena o mergulhador, enervado.

– Calma, chefe! Não se enerve! Num minuto o contrabando está no Porto de Leixões, não se preocupe! – diz um dos encapuzados.

O mergulhador ajuda-os a tirar as mercadorias dos barcos rabelos, permanecendo, sempre, perto das embarcações.

– Que chatice! Já não tenho muita **bateria**… Afinal, trata-se de contrabando… – diz o Henrique.

⚡ **Valha-nos São João!**	São João, steh uns bei!
despachar-se	sich beeilen
não tardar	nicht auf sich warten lassen
ronda *f*	Runde
bateria *f*	Akku
contra-bandista *m*	Schmuggler
concluir	schlussfolgern
ligar	anrufen
rede *f*	Netz
fraco	schwach

– E estes homens são os **contrabandistas**… – **conclui** o Pedro.

–Sim, estes são os bandidos que tanto alarmaram a minha cidade… O Diogo tem de saber o que se passa aqui – sussurra o Henrique.

Já é muito tarde. O Henrique deixa de filmar e **liga** para o irmão, mas o Diogo está com uma chamada. Então o Henrique tenta mandar-lhe a localização deles por GPS. Todavia, a **rede** está muito **fraca** e o telemóvel quase sem bateria. Por isso, o Henrique não consegue enviar a coordenada. Os dois rapazes estão muito nervosos. Segundos mais tarde, o Diogo liga para o Henrique. O telemóvel dele toca muito alto...

– Ai, **maldito**! **Desliga-o**, desliga-o! – sussurra o Pedro, em pânico.

O telemóvel toca duas vezes e desliga-se. Não tem bateria.

– Oxalá não tenham escutado? – o Henrique olha para o Pedro.

maldito!	Verdammt!
desligar	ausschalten
ϟ **estar tramado**	geliefert sein
carro *m* **de patrulha**	Streifenwagen
descobrir	finden, entdecken
revistar alguém	jdn. durchsuchen

– **Estamos tramados**... – diz o Pedro baixinho.

O Diogo tenta, novamente, ligar para o irmão, mas não consegue.

– O Henrique ligou-me e agora tem o telemóvel desligado!? Muito estranho. Já é tão tarde... Eles iam dormir na Praia dos Ingleses ... – pensa o Diogo, preocupado. Teme que algo se passe com o irmão e com o primo.

Na esquadra, comenta com o Rodrigues. Ora, no mesmo momento, uns polícias à paisana que vigiam aquela zona informam a PJ, do que se está a passar naquela praia.

– Diogo, parece que se trata de contrabando, na Praia dos Ingleses. Por favor, vá para lá. Leve dois **carros de patrulha** consigo, mas sejam discretos. Ficamos em contacto... Os polícias à paisana vão-nos informando – ordena o inspetor Rodrigues.

– Com certeza, chefe – diz o Diogo –. O Henrique quis avisar-me, de certeza.

Na praia, o mergulhador e os três homens apercebem-se do toque. Em segundos, **descobrem** atrás dos rochedos os dois rapazes.

– Vocês? Outra vez? **Revistem-nos**! Rápido! – ordena o mergulhador.

– Só têm um telemóvel. Está desligado, chefe – diz um dos homens.
– Porque é que não se foram embora como eu vos disse? Porquê?
– Nós queríamos ir embora... – tenta o Henrique argumentar.

Exercício 12: Ovelha negra. Welches Wort ist das „schwarze Schaf"? Unterstreichen Sie!

1. bandidos regata contrabandistas larápios ladrões
2. polícia rochedos praia rio fogueiras
3. bateria toque telemóvel impermeável chamada
4. argumentar tentar dizer explicar acrescentar
5. carrinha barco rabelo farol automóvel comboio

– O que fazem aqui? Digam! – **insiste** o mergulhador **desconfiado** e muito irritado.
– Não somos daqui, estávamos aqui **por acaso**, só isso... **largue-me**! – diz o Henrique, severamente.
O mergulhador **não está para brincadeiras**. De repente, **agarra-o** com força no casaco.

insistir	bestehen, beharren
desconfiado	misstrauisch
por acaso	zufällig
largar	loslassen
ϟ **não estar para brincadeiras**	nicht zum Spaßen aufgelegt sein
agarrar alguém	jdn. packen

– Queres que eu acredite nessa história?
O mergulhador leva-lhe a cabeça à água por uns segundos.
– E agora, vais dizer-me a verdade ou não?
– Está bem... – diz o Henrique com dificuldade em respirar –,

acampámos na praia, pela primeira vez... queríamos passar a noite de São João na praia...

– Há mais alguém?

– Não, ninguém. Só nós os dois.

Pela segunda vez, o mergulhador leva-lhe a cabeça à água... dois, três, quatro, cinco segundos.

– Tens a certeza? – pergunta o mergulhador com voz irónica.

– Sim... sim... É toda a verdade – diz o Henrique cansado.

não fazer caso	ignorieren, kein Aufheben machen
doca *f*	Dock
⚡ **num piscar de olhos**	im Nu, binnen kürzester Zeit
lancha *f*	Motorboot
trajeto *m*	Strecke
manter-se	bleiben
escapar	entkommen, entrinnen

– Deixe-nos em paz! Largue-o! – grita o Pedro com medo.

O mergulhador **não faz caso** do jovem. Parece que tem pouco tempo. Os rabelos estão agora vazios.

– Segue com o motorista para a **doca**, rápido! Lá esperamos por vocês, despachem-se! – ordena a um dos três bandidos.

O homem corre e, com o motorista da carrinha, desaparece **num piscar de olhos**. Ao mesmo tempo, chega uma pequena **lancha** para levar o mergulhador e os dois cúmplices ao Porto de Leixões. Os dois jovens viajam nela também. Automaticamente, os polícias à paisana informam a PJ de que os bandidos se dirigem para o Porto de Leixões.

Tudo acontece muito rapidamente. Na pequena lancha, o **trajeto** é feito em silêncio.

– Valha-nos Deus! – O Pedro está em pânico.

O Henrique, pelo contrário, **mantem-se** mais calmo, apesar da tortura. Estão em perigo, sim, mas não em perigo de vida, crê. Todavia, ainda não faz a mínima ideia de como **escapar** àquela aventura.

Exercício 13: Conjuntivo. **Lesen Sie weiter und ergänzen Sie die Verbformen im Conjuntivo Presente!**

– Oxalá nós **1.** ter ______________ **sorte** e o Diogo nos **2.** encontrar ______________ rápido... Oxalá a polícia **3.** **apanhar** ______________ os bandidos **em flagrante** e os museus e as galerias **4.** **recuperar** ______________ as suas obras de arte. Oxalá eu **5.** poder ______________ ainda escrever um artigo sobre o caso – pensa o Henrique.

Em poucos minutos, o condutor da lancha atraca no Porto de Leixões, ao lado de um grande **iate**. Ele, o mergulhador e os dois encapuzados deixam os dois jovens sozinhos, **presos** no pequeno barco. Os dois rapazes ficam de mãos e pés **atados** e **fita adesiva** na boca. Os homens entram no iate. Ali, com um **colecionador** de arte, esperam impacientes pela mercadoria. Mas com os **semáforos** da avenida Brasil e com a ronda da PSP os dois outros cúmplices têm de conduzir **lentamente**.

sorte *f*	Glück
↯ **apanhar em flagrante**	auf frischer Tat ertappen
recuperar	zurückbekommen
iate *m*	Yacht
preso	gefangen
atado	gefesselt
fita *f* **adesiva**	Klebeband
colecionador *m*	Sammler
semáforo *m*	Ampel
lentamente	langsam

Entretanto, o Rodrigues tem um plano: **cerca** todo o Porto de Leixões. O Diogo tenta, mais uma vez, ligar para o irmão, mas o Henrique continua com o telemóvel desligado.

No Castelo do Queijo[i], o inspetor já com o Diogo e dois carros de patrulha cerca, rapidamente, os dois cúmplices da carrinha. **Apreende** o contrabando e os dois homens.

cercar	absperren
apreender	fassen, schnappen
refém *m*	Geisel
tripulante *m/f*	Besatzungsmitglied
surpreender	überraschen
tropeçar	stolpern
caixa *f*	Schachtel
barulho *m*	Geräusch, Lärm

– Diogo, enquanto descarregam a carrinha com o contrabando, siga, discretamente, para a doca. Já conseguimos localizar a pequena lancha. Dentro dela estão apenas dois **reféns**. Os outros **tripulantes** entraram para dentro de um iate, estacionado ao lado.

– Com certeza, chefe. Encontramo-nos na doca, mais tarde? – pergunta o Diogo.

– Sim, sigo, mais tarde, na carrinha dos contrabandistas. Quero **surpreender** os bandidos e saber, finalmente, quem está por detrás de tudo isto. Bom trabalho, Diogo!

– Bom trabalho, chefe!

Já na doca, o Diogo e um grupo de agentes cercam a pequena lancha e o iate. Com muita cautela, entram na lancha. Sem querer, o Diogo **tropeça** numa **caixa**. Os dois jovens escutam o **barulho** e ficam cheios de medo. Pensam que voltam os bandidos. De revolver, o

> i Das Kastell **São Francisco Xavier** ist eine Festungsanlage, die ab dem 17. Jh. der städtischen Verteidigung gegen Piraten diente. Da es auf abgerundeten Felsformationen erbaut wurde, die an Käselaibe erinnern, ist es auch unter dem Namen **Castelo do Queijo** bekannt.

Diogo mantem-se alerta. Por uma pequena janela, observa o interior do barco.

constatar	feststellen
abandonar	verlassen
testemunhar	erleben

– Mas são o meu irmão e o meu primo! – **constata**, surpreendido.

Rapidamente, com a ajuda dos outros agentes, entra no interior da embarcação. Os dois jovens alegram-se muito ao ver o Diogo. Os três primos abraçam-se.

– Vamos lá! – sussurra o Diogo.

Com muito cuidado, **abandonam** a lancha e entram para um carro de patrulha. Ali, contam à polícia tudo o que **testemunharam**.

Exercício 14: Completar. Wie enden die Sätze richtig? Kreuzen Sie an!

1. O chefe dos contrabandistas é um homem...
   - ❐ **a)** que está vestido com um fato de mergulho.
   - ❐ **b)** que conduz a carrinha.

2. Os dois jovens estão presos...
   - ❐ **a)** na carrinha.
   - ❐ **b)** na pequena lancha.

3. Os dois jovens têm...
   - ❐ **a)** as mãos atadas.
   - ❐ **b)** as mãos e os pés atados.

4. No Castelo do Queijo, Rodrigues apreende...
   - ❐ **a)** os dois cúmplices e o contrabando.
   - ❐ **b)** os dois jovens.

No interior do iate, o colecionador está a perder a paciência:
– Mas isto é irreal? Já viu que horas são? Onde estão as minhas peças?
– Não tardam, não tardam! – responde o mergulhador, **aflito**.
– O **porteiro** da doca colabora connosco, mas a carrinha tem de chegar dentro de momentos. Caso contrário, podemos ter problemas! E, além disso, sem a mercadoria não há dinheiro, garanto-lhe! Não pense que me engana! – diz, enervado, o colecionador de arte com uma **mala** cheia de dinheiro numa mão e um revólver na outra. **Aponta** o revólver para o mergulhador. Este fica nervosíssimo:

aflito	aufgeregt
porteiro *m*	Pförtner
mala *f*	Koffer
apontar	richten, zielen
pressa	Eile
demorar	sich verspäten

– Tenha calma! As peças não tardam! Dou-lhe a minha palavra!
Mas na verdade, ele não faz a mínima ideia por que razão os outros cúmplices ainda não chegaram. Liga-lhes, mas ambos têm o telemóvel desligado.
Passados alguns minutos, perto das quatro e meia da manhã, a carrinha chega, finalmente, à doca. O inspetor Rodrigues e um outro agente encapuzados param diante do iate e ficam dentro da viatura.
– Desta vez, são apanhados em flagrante... – pensa Rodrigues, satisfeito.
O colecionador quer há muito tempo ter todas aquelas peças nas suas mãos. Cheio de **pressa**, corre para a carrinha, com o mergulhador e os outros homens.
– Idiotas! Porque é que **demoraram** tanto? Descarreguem rápido o contrabando para o iate. Já não temos muito tempo. E muito cuidado com as peças! Não quero reclamações do cole-

cionador! Ele está furioso! – diz o mergulhador que não **repara** que, no interior da carrinha, não estão os seus homens. Rapidamente, todos correm para a mala da carrinha. No mesmo instante, o inspetor Rodrigues e o outro agente, saem da viatura, **de arma em punho**, e gritam:

– **Quietos**, polícia!

Rede de contrabando apanhada
O êxito da operação da PJ no Porto

reparar	(be)merken
de arma em punho	mit gezogener Waffe
quieto!	Keine Bewegung!
êxito *m*	Erfolg
prender	festnehmen, verhaften
cabecilha *m*	Anführer
ganância *f*	Habgier
denegrir	beschmutzen
restituir	zurückgeben

Jornal de Matosinhos
Esta manhã, por volta das 4h30, a PJ apanhou, finalmente, a rede de contrabando de obras de arte que tanto alarmou a invicta, nos últimos feriados. O contrabando, escondido em rabelos da empresa *Melo e Brandão*, na Praia dos Ingleses, seguiu numa carrinha para o Porto de Leixões para as mãos de um colecionador de arte. Graças aos polícias à paisana que vigiavam aquela zona, pôde a PJ **prender** finalmente o **cabecilha** desta rede. Este nada tem a ver com a empresa *Melo e Brandão*. Trata-se de António Gomes e Silva Júnior, o filho do conhecido benfeitor do Porto e futuro director da *Gomes e Silva*. Por **ganância** e sem conhecimento do pai queria **denegrir** a imagem da sua concorrente rival: a *Melo e Brandão*. Felizmente, a PJ recuperou e **restituiu** todas as obras de arte roubadas até então (...).
Henrique Mendes

Teste final
Soluções
Glossário
Tabela dos exercícios

Teste final

Brincar com o fogo

Exercício 1: Conjuntivo. Welcher Satz ist grammatikalisch richtig? Kreuzen Sie an!

1. ❒ **a)** Talvez ele chegue mais tarde.
   ❒ **b)** Talvez ele chega mais tarde.

2. ❒ **a)** Oxalá eles fazem boa viagem.
   ❒ **b)** Oxalá eles façam boa viagem.

3. ❒ **a)** Acho melhor que eles não vendam o terreno.
   ❒ **b)** Acho melhor que eles não vendem o terreno.

4. ❒ **a)** É pena que você não tenha tempo.
   ❒ **b)** É pena que você não tem tempo.

5. ❒ **a)** Oxalá que elas estejam bem.
   ❒ **b)** Oxalá que elas estão bem.

6. ❒ **a)** Duvido que ele seja sério.
   ❒ **b)** Duvido que ele é sério.

Exercício 2: Descrição de pessoas. Wer wird hier beschrieben? Ergänzen Sie die Namen der Personen!

1. Vivem com quatro burros, dois cães, dois gatos e seis galinhas:

   ___

2. De vez em quando fuma um cigarro, depois do café:

   ___

3. É uma pessoa resoluta e dos dias de hoje:

   ___

4. É uma pessoa de boas maneiras. Apesar da sua idade avançada, tem bom aspeto:

   ___

5. São idosos, modestos, gentis e gostam de conversar:

   ___

6. Estuda Engenharia Florestal e gosta muito de burros:

   ___

7. Moram numa casa grande e não gostam de animais:

   ___

Paraíso e Perigo

Exercício 3: Imperativo. Formulieren Sie folgende Sätze in der Befehlsform gemäß dem Beispiel!

Exemplo: Você faz perguntas. *Faça perguntas!*

1. Você diz a verdade.

____

2. Vocês falam com a inspetora.

____

3. Vocês informam a família dele.

____

4. Tu vendes a tua prancha de surf.

____

5. Tu sais cedo de casa.

____

6. Você encontra o telemóvel.

____

Exercício 4: Cadeia de palavras. Finden Sie in der Wortkette sechs Verwandtschaftsbezeichnungen!

filhovizinhomãeavôcunhadoinspetorairmãfornecedoramigopai

Uma aventura no São João

Exercício 5: Advérbios. **Ergänzen Sie das jeweilige Adverb!**

1. rápido ______________________

2. severo ______________________

3. lento ______________________

4. atual ______________________

5. feliz ______________________

Exercício 6: Respostas. **Beantworten Sie die Fragen!**

1. O que é que o Henrique e o Pedro encontraram na praia?

____

2. O que fazia o mergulhador na praia?

____

3. Quem avisou a PJ do que se passava na Praia dos Ingleses?

____

4. A que horas é que a PJ apanhou a rede de contrabando?

____

5. Quem era o cabecilha da rede de contrabando?

____

Soluções

Brincar com o fogo

Exercício 1: **1.** verdadeiro **2.** falso (Os pinheiros são velhos.) **3.** verdadeiro **4.** falso (Há poucas casas.) **5.** falso (Tem um grande terreno.) **6.** verdadeiro

Exercício 2: **1.** eucalipto **2.** estábulo **3.** fogo **4.** azeitona **5.** sábado

Exercício 3: **1.** Talvez ela não diga a verdade. **2.** É pena que ele não goste dos animais. **3.** Oxalá que tu tenhas razão. **4.** Acho melhor que nós partamos cedo. **5.** Espero que eles se entendam bem.

Exercício 4: **1.** toma **2.** vai **3.** preparar **4.** põem **5.** está deitada **6.** Fala

Exercício 5: **1.** galinhas **2.** vizinhos **3.** discussões **4.** amigos **5.** gémeas **6.** inimigos **7.** burros
Lösung: animais

Exercício 6: **1.** Ele está nervoso por causa da conversa.
2. Eles não terão essa grande sorte.
3. Ele ganha muito dinheiro na fábrica.
4. As gémeas são muito diferentes dos pais.
5. Vamos dar uma volta no pinhal.

Exercício 7: **1.** a **2.** b. **3.** b **4.** a

Exercício 8: **1.** provocação **2.** vingança **3.** rivalidade **4.** maldade **5.** ódio **6.** mentiroso

Exercício 9: **1.** e **2.** f **3.** b **4.** c **5.** a **6.** d

Exercício 10: **1.** idoso **2.** sozinho **3.** arrogante **4.** modesto **5.** gentil

Exercício 11: **1.** continua **2.** sabe **3.** gostam **4.** simpatizam **5.** ajuda **6.** despede-se **7.** chega

Exercício 12: **1.** c **2.** f **3.** b **4.** e **5.** a **6.** d

Paraíso e Perigo

Exercício 1: **1.** verão **2.** saúde **3.** reuniu **4.** conversa **5.** esposa

Exercício 2: **1.** vivia **2.** fui **3.** trabalhava **4.** convidou **5.** adoeceu

Exercício 3: **1.** princípio, fim **2.** melhor, pior **3.** perguntar, responder **4.** tudo, nada **5.** antes, depois **6.** amigos, inimigos

Exercício 4: **1.** diz **2.** pensa **3.** fala **4.** vende **5.** parte **6.** faz

Exercício 5: **1.** falso (Nuno faz uma paragem na Costa Nova.) **2.** falso (Nuno escolhe uma praia sossegada.) **3.** verdadeiro **4.** falso (Nuno vem do Porto.) **5.** falso (Nuno quer ir dormir a Peniche.) **6.** falso (Ana Paula está na cozinha.) **7.** verdadeiro

Exercício 6: **1.** acidente **2.** roubo **3.** dinheiro **4.** Nuno **5.** assassino

Exercício 7: **1.** Tratava-se de homicídio. **2.** Ele estava na praia. **3.** Eles bebiam sumo de laranja. **4.** Eu morava em Peniche. **5.** Tu vivias no Porto.

Exercício 8: **1.** homicídio **2.** assassino **3.** crime **4.** mortal **5.** roubo

Exercício 9: **1.** Ele está muito triste. **2.** Ele diz que tem uma boa relação com Nuno. **3.** Gil faz serviços noturnos. **4.** Ele é enfermeiro. **5.** Ele diz que os seus pais não são ricos e que os ajuda no que pode.

Exercício 10: **1.** nas **2.** à **3.** da **4.** de **5.** Sem **6.** ao

Exercício 11: **1.** risada **2.** ambições **3.** terreno **4.** fama **5.** também

Exercício 12: **1.** morte **2.** encontro **3.** tentativa **4.** resposta **5.** herança **6.** viagem **7.** suspeita/suspeito **8.** casamento
Lösung: mensagem

Exercício 13: **1.** inspetora **2.** Nuno **3.** estava **4.** homicídio **5.** assassinar **6.** noiva

Exercício 14: **1.** b **2.** e **3.** d **4.** c **5.** a

Uma aventura no São João

Exercício 1: **1.** d **2.** e **3.** a **4.** b **5.** c

Exercício 2: **1.** falso (O Diogo e o Henrique moram num T3.) **2.** falso (Os dois irmãos moram na Foz.) **3.** verdadeiro **4.** falso (O Henrique vai festejar o São João com o primo, o Pedro.)

5. falso (O Pedro é primo do Henrique e do Diogo.)

Exercício 3: **1.** A polícia ainda não tem pistas. **2.** O Henrique quer muito escrever outro artigo.
3. O chefe está muito preocupado.
4. Os museus têm medo. **5.** O Henrique tem folga na redação.

Exercício 4: **1.** inspetor **2.** jornalista **3.** agente **4.** estudante **5.** empresário

Exercício 5: **1.** O filho acompanha-o pela primeira vez. **2.** O benfeitor recebeu-o. **3.** O Senhor António Gomes e Silva adora-a. **4.** O benfeitor desenvolveu-o. **5.** O Henrique acha-o simpático.

Exercício 6: **1.** É claro que os jovens se divertem.
2. A polícia acha que é uma quadrilha.
3. A polícia teme que a quadrilha roube novamente.
4. Os portuenses querem que o São João seja tranquilo. **5.** Oxalá o Pedro tenha razão.

Exercício 7: **1.** c **2.** a **3.** e **4.** b **5.** d

Exercício 8: **1.** a **2.** b **3.** a

Exercício 9: **1.** grandes **2.** pequenos **3.** cheios **4.** escura **5.** grande

Exercício 10: **1.** aproximar-se **2.** resposta **3.** noite **4.** antipático **5.** cedo **6.** escura **7.** grande

Exercício 11: **1.** e **2.** d **3.** a **4.** b **5.** c

Exercício 12: **1.** regata **2.** polícia **3.** impermeável **4.** tentar **5.** farol

Exercício 13: **1.** tenhamos **2.** encontre **3.** apanhe **4.** recuperem **5.** possa

Exercício 14: **1.** a **2.** b **3.** b **4.** a

Teste final

Exercício 1: **1.** a **2.** b **3.** a **4.** a **5.** a **6.** a

Exercício 2: **1.** Rita e Vasco Saraiva **2.** Frederica Antunes **3.** agente Luís Sobral **4.** avô Afonso Antunes **5.** Raúl e Adelina Teixeira **6.** Carolina Antunes **7.** Francisco e Valentina Antunes

Exercício 3: **1.** Diga a verdade! **2.** Falem com a inspetora! **3.** Informem a família dele! **4.** Vende a tua prancha de surf! **5.** Sai cedo de casa! **6.** Encontre o telemóvel.

Exercício 4: **1.** filho **2.** mãe **3.** avô **4.** cunhado **5.** irmã **6.** pai

Exercício 5: **1.** rapidamente **2.** severamente **3.** lentamente **4.** atualmente **5.** felizmente

Exercício 6: **1.** O Henrique e o Pedro encontraram dois barcos rabelos. **2.** O mergulhador vigiava os barcos. **3.** Os polícias à paisana avisaram a PJ. **4.** A PJ apanhou a rede de contrabando por volta das 4h30 da manhã. **5.** O cabecilha da rede de contrabando era o mergulhador, António Gomes e Silva Júnior.

Glossário

ϟ	= umgangssprachlich
f	= feminin
m	= maskulin
pl	= Plural
irr	= unregelmäßiges Verb

à beira-rio	am Fluss
à deriva	richtungslos treibend
à frente de	vor
à paisana	in Zivil
à pressa	schnell, eilig
à tardinha	am Spätnachmittag
abandonar	verlassen
abraçar	umarmen
acabar com	*hier:* umbringen
acalmar(-se)	(sich) beruhigen
achar graça	lustig finden
aconselhar	beraten, absprechen
acontecer	geschehen, passieren
acontecimento *m*	Ereignis, Geschehnis
acusação *f*	Beschuldigung, Anschuldigung
acusar	beschuldigen
admirar	betrachten, bestaunen, bewundern
admirar-se	sich wundern
afastar-se	sich entfernen, fernhalten, zurückziehen
afinal	letztendlich
aflito	aufgeregt, sehr besorgt
afogado	ertrunken
agarrar alguém	jdn. packen
agitado	unruhig
aguentar	aushalten
aldeia *f*	Dorf
aliviado	erleichtert

ambição *f*	Ehrgeiz, Antrieb
ameaça *f*	Drohung
anda!	Komm! Los!
⚡ **andar com alguém**	mit jdm. gehen
apagado	gelöscht (Feuer)
⚡ **apanhar em flagrante**	auf frischer Tat ertappen
apavorado	vor Angst erstarrt
apesar	trotz
apontar	richten, zielen
apreender	fassen, schnappen
apressar-se	sich beeilen
apropriado	geeignet
aproveitar	(aus)nutzen
ar *m* **sério**	ernste Miene
arder	brennen
areia *f*	Sand
arrepender-se	bereuen
asfixiado	erstickt
assalto *m*	Überfall
assassínio *m*	Ermordung
assistir	zuschauen
assombroso	furchtbar, schrecklich
assumir	übernehmen
assustado	erschrocken
atado	gefesselt
aterrorizado	entsetzt
atracar	anlegen
atraente	attraktiv
atrever-se	sich trauen, wagen
aumentar	größer werden
ausente	abwesend
avançado	fortgeschritten
avançar	vorankommen
aventura *f*	Abenteuer
aversão *f*	Abneigung
avisar alguém	jdm. Bescheid geben
aviso *m*	Warnung
azeitona *f*	Olive
balão *m* **de ar**	Luftballon
bandeirinha *f*	Fähnchen
banhista *m/f*	Badegast

barulho *m*	Geräusch, Lärm
bater a alguém	jdn. schlagen
bateria *f*	Akku
bem frequentado	gut besucht
bem-disposto	gut gelaunt
benfeitor *m*	Wohltäter
berrar	brüllen
ϟ **bicho** *m*	Tier, Vieh
boato *m*	Gerücht
bolo *m*	Kuchen
bombeiros *m pl*	Feuerwehr
bondoso	gütig
borda *f*	Rand
brusco	*hier:* unfreundlich
ϟ **bué de fixe**	sehr gut
busto *m*	Büste
cabecilha *m*	Anführer
cacifo *m*	Schließfach
cadela *f*	Hündin
caixa *f*	Schachtel
Câmara *f*	Gemeinde
caminhada *f*	Wanderung
cancela *f*	kleines Tor, Schranke
cancro *m*	Krebs
cansativo	anstrengend
carregar	beladen
carrinha *f*	Kleinbus, Lieferwagen
carro *m* **de patrulha**	Streifenwagen
cartaz *m*	Plakat
carteiro *m*	Briefträger
casal *m*	Eheleute
casamento *m*	Hochzeit
caso *m*	Fall
cercar	absperren
chamar à atenção	aufmerksam machen
cheiro *m*	Geruch, Duft
ciúmes *m pl*	Eifersucht
cobrir	decken
ϟ **coitado** *m*	der Arme, der Ärmste
colecionador *m*	Sammler
coluna *f*	Säule

ϟ com a breca!	Donnerwetter!
com carinho	zärtlich, liebevoll
ϟ como a carne e a unha	unzertrennlich, wie Pech und Schwefel
comovido	gerührt
concluir	schlussfolgern
conduzir	fahren
confessar	gestehen
confiante	zuversichtlich
conseguir	schaffen, gelingen
constatar	feststellen
contar com alguém	auf jdn. zählen
contactável	erreichbar
contrabandista *m*	Schmuggler
contudo	jedoch
convencido	überzeugt
correr	laufen
costumar (dizer)	pflegen zu (sagen)
cozer pão	Brot backen
crescer	wachsen
criar emprego	Arbeitsplatz schaffen
cruel *m*	grausamer Mensch
cuidado!	Vorsicht!
culpa *f*	Schuld
culpado *m*	Schuldiger, Verursacher
cumprir	*hier:* Wort halten
cumprir o dever	eine Aufgabe erfüllen
cunhado *m*	Schwager
curioso	neugierig
dar *irr* **conta**	bemerken, wahrnehmen
dar *irr* **falta de**	vermissen
dar *irr* **trabalho**	Arbeit machen
dar-se *irr* **bem**	sich gut verstehen
de arma em punho	mit gezogener Waffe
de costume	üblich, üblicherweise
de dois em dois dias	alle zwei Tage
de fora	von auswärts
de forma nenhuma	auf gar keinen Fall
de graça	unentgeltlich, umsonst
de uma vez por todas	ein für alle Mal
defeito *m*	Fehler, schlechte Eigenschaft
deixar alguém em paz	jdn. in Ruhe lassen

deixar estar	sein lassen
deixar-se cair	sich fallen lassen
deliberadamente	vorsätzlich, absichtlich
demorar	sich verspäten
denegrir	beschmutzen
depositar confiança	vertrauen
desabafar	sich aussprechen, sein Herz ausschütten
desaparecer	verschwinden
desaparecimento *m*	Verschwinden
descaramento *m*	Unverschämtheit
descarregar	entladen
descobrir *irr*	finden, entdecken
desconfiado	misstrauisch
desconfiar	Verdacht schöpfen
descontrair	entspannen
desentendimento *m*	Meinungsverschiedenheit
desenvolver	entwickeln, ankurbeln
deserto	menschenleer
desesperado	verzweifelt
desespero *m*	Verzweiflung
desfalecido	kraftlos
desfilar	vorbeiziehen
desgraça *f*	Unglück
desiludido	enttäuscht
desligar	ausschalten
despachar-se	sich beeilen
despesas *f pl*	Kosten
desvendar	aufdecken
determinado	entschlossen, resolut
detestar-se	sich hassen
dióspiro *m*	Kaki
ϟ **disparate** *m*	Unsinn, Blödsinn
disposição *f*	Laune
distrair-se	sich ablenken, zerstreuen
doca *f*	Dock
doce *m*	Konfitüre, Marmelade
dócil	folgsam, sanftmütig
educação *f*	Erziehung
elogio *m*	Lob
em alerta	alarmiert, wachsam
empresa *f*	Unternehmen

empresário *m* **de sucesso**	erfolgreicher Unternehmer
encapuzado	vermummt
encobrir	decken
encomenda *f*	Paket
enervado	genervt
enfermeiro *m*	Krankenpfleger
enganar	täuschen, irreführen
enganar-se	sich täuschen
engano *m*	Verwechslung, Missverständnis
engenharia *f* **florestal**	Forstwirtschaft
enriquecer	reich werden
enterrado	begraben
entrar de serviço noturno	die Nachtschicht beginnen
entretanto	inzwischen
entrevista *f*	Interview
entrevistar	interviewen, befragen
entusiasmado	begeistert
envolvido	verstrickt, beteiligt
errar	sich irren, Fehler machen
ervas *f pl* **aromáticas**	(Küchen-)Kräuter
escada(s) *f (pl)*	Treppe
escapar	entkommen, entrinnen
esclarecer	(er)klären, aufklären, klarstellen
escolher	aussuchen, auswählen
esconder-se	sich verstecken
esforçar-se	sich anstrengen
espaço *m*	Platz
espelho *m*	Spiegel
ϟ **espertinho**	schlau, gerissen
esquecer	vergessen
esquisito	seltsam, komisch
estábulo *m*	Stall
estacionar	parken
estar *irr* **à vontade**	sich wie zu Hause fühlen
estar *irr* **arrependido**	bereuen
estar *irr* **farto**	es satt haben, genug haben
estar *irr* **fora de si**	außer sich sein
estar *irr* **preocupado**	sich Sorgen machen
ϟ **estar** *irr* **tramado**	geliefert sein
estátua *f*	Statue
estender-se	sich erstrecken

esteticista *m/f*	Kosmetiker(in)
estragar	verderben
estrago *m*	Schaden
estrangeiro	*hier:* fremd, ausländisch
estranho	komisch, seltsam, merkwürdig
estrela *f*	Stern
estupefacto	verblüfft
exagerar	übertreiben
exaltado	aufgeregt
exceção *f*	Ausnahme
excitado	verärgert, angespannt
exclamar	ausrufen
excluir	ausschließen
exigir	fordern
êxito *m*	Erfolg
extenuado	erschöpft
falecido	verstorben
falhar	fehlschlagen
falta *f* **de sono**	Schlafmangel
fama *f*	Ruf
farol *m*	Leuchtturm
fato *m* **de mergulhador**	Taucheranzug
fazer *irr* **festas**	streicheln
fazer *irr* **obras**	umbauen
ferido	verletzt
⚡ **ficar em pulgas**	misstrauisch sein
fidelidade *f*	Treue
fita *f* **adesiva**	Klebeband
flecha *f*	Pfeil
fogo *m*	Feuer, Brand
fogo *m* **de artifício**	Feuerwerk
fogo *m* **posto**	Brandstiftung
fogueira *f*	Lagerfeuer
fonte *f* **artificial**	künstlicher Gartenbrunnen
fora	weg, fort
fornecedor *m*	Lieferant
fornecer	liefern
fortuna *f*	Vermögen
fraco	schwach
francamente	ganz ehrlich
fugir	fliehen, weglaufen

fumo *m*	Rauch
ganância *f*	Habgier
garrafão *m*	Fünfliterflasche
gémeo *m*	Zwilling
geração *f*	Generation
ϟ **giro**	hübsch, toll
glicínia *f*	Glyzinie, Schmetterlingsblütler
GNR *f* **(Guarda Nacional Republicana)**	Schutzpolizei in ländlichen Regionen
gozar	genießen
gratidão *f*	Dankbarkeit
grosseiro *m*	grober, ungezogener Mensch
guardar	beschützen
herança *f*	Erbschaft
herdar	erben
herdeiro/a *m/f*	Erbe/Erbin
homicídio *m*	Mord
honesto	ehrlich, anständig
hóspede *m/f*	Gast
iate *m*	Yacht
idoso	alt, betagt
ilustre	berühmt
imediatamente	sofort
impaciente	ungeduldig
impermeável *m*	Regenjacke
impreciso	vage, schwach
incêndio *m*	Brand
incomodar	stören
indagar	(nach)fragen
inesperado	unerwartet
infidelidade *f*	Untreue
infiel *m*	Treuloser, Casanova
inimigo *m*	Feind
insistir	beharren, bestehen
insultar	beleidigen, beschimpfen
insuportável	unerträglich
inteiramente	völlig, ganz
interrogação *f*	Befragung
interromper	unterbrechen
intrigado	neugierig
invejoso *m*	Neider

investigação *f*	Ermittlung
invicta *f*	Porto
ir-se *irr* **embora**	weggehen
ϟ **já agora**	da wir gerade dabei sind …
ϟ **já chega**	es reicht
jardinar	gärtnern
jarro *m*	Krug
joia *f*	Juwel, Schatz
lá fora	draußen
ladrar	bellen
lágrima *f*	Träne
lamentar	bedauern
lancha *f*	Motorboot
lanche *m*	Nachmittagssnack, Imbiss
larápio *m*	Einbrecher
largar	loslassen
lembrar-se	sich erinnern
lentamente	langsam
letreiro *m*	Schild
leve	leicht
líder *m* **no mercado**	Marktführer
ligar	anrufen
limpar	(weg)wischen
livrar	befreien
livrar-se de alguém	jdn. loswerden
lua *f* **de mel**	Flitterwochen
lutar	kämpfen
mala *f*	Koffer
ϟ **malandro** *m*	Schlawiner
malcheiroso	übel riechend, stinkend
maldade *f*	Bosheit
maldito!	Verdammt!
mal-educado	schlecht erzogen
maluco	verrückt
manter-se *irr*	bleiben
maré *f* **vaza (~ baixa)**	Ebbe
mau humor *m*	schlechte Laune
mentiroso *m*	Lügner
mercadoria *f*	Ware
merecer	verdienen
mesmo assim	trotzdem, trotz allem

mesmo que	wenn auch
mexer	bewegen
miúdo *m*	*hier:* Kind
modesto	bescheiden
montado	reitend
montar	aufbauen
⚡ **montes de**	viel, Unmengen von
montra *f*	Schaufenster
moradia *f*	Einfamilienhaus
morder	beißen
mortal	tödlich
móvel *m*	Möbelstück
nada a temer	nichts zu befürchten
não dar *irr* **nada por**	nichts halten von
não deixar rasto	spurlos verschwinden
⚡ **não estar** *irr* **para brincadeiras**	nicht zum Spaßen aufgelegt sein
não fazer *irr* **caso**	ignorieren, kein Aufheben machen
não levar a nada	nichts bringen
não ligar	*hier:* ignorieren
não tardar	nicht auf sich warten lassen
negociante *m* **de madeira**	Holzhändler
nem... nem	weder ... noch
neto/a *m/f*	Enkel(in)
noivo *m*	Verlobter
nora *f*	Schwiegertochter
Nossa Senhora *f*	Heilige Mutter
notar	(be)merken, auffallen
⚡ **num piscar de olhos**	im Nu, binnen kürzester Zeit
obra *f* **de arte**	Kunstwerk
obrigação *f*	Pflicht
observar	beobachten, betrachten
onda *f*	Welle
oportunidade *f*	Gelegenheit
⚡ **ora bem**	also, nun
orgulhoso	stolz
orvalhada *f*	Tau
ourivesaria *f*	Juweliergeschäft
ouvir *irr*	hören
oxalá	hoffentlich
padroeiro *m*	Schutzheiliger

paixão *f*	Leidenschaft
ϟ **palerma** *m/f*	Dummkopf, Schwachkopf
pálido	blass, bleich
pancada *f*	Schlag
pano *m*	Tuch
partir do princípio	davon ausgehen
pasmado	verblüfft, erstaunt
passar por	scheinen, aussehen nach
pastel *m* **de bacalhau**	Stockfischbällchen
pastor *m* **da serra**	Schäferhund
pátio *m*	Innenhof
peça *f*	(Sammler-)Stück
pedir *irr* **desculpa**	sich entschuldigen
pegar	nehmen, greifen
perceber	verstehen, begreifen
perder	verpassen, versäumen
perder a paciência	die Geduld verlieren
perder-se	sich verirren, verlaufen
pesadelo *m*	Albtraum
pesado	schwer
pescar	angeln
pinhal *m*	Pinienhain
piorar	verschlimmern
piscina *f*	Pool
pista *f*	Spur
PJ *f* **(Polícia Judiciária)**	Kriminalpolizei
planta *f* **trepadeira**	Kletterpflanze
polvo *m*	Oktopus
ponto *m* **de exclamação**	Ausrufezeichen
por acaso	zufällig
pôr *irr* **fogo**	Feuer legen
pôr do sol *m*	Sonnenuntergang
portar-se bem	anständig sein
porteiro *m*	Pförtner
poupar	sparen
prancha *f* **de surf**	Surfbrett
prece *f*	Gebet
prejudicar	schaden
prender	festnehmen, verhaften
preocupado	besorgt
preocupar	Sorge bereiten, beunruhigen

preocupar-se	sich Sorgen machen
preservação *f*	Schutz, Erhaltung
preso	gefangen
pressa	Eile
prestável	hilfsbereit
presumir	vermuten, annehmen
pretender	vorhaben, möchten
primeiro andar *m*	erster Stock
proibir	verbieten
prometer	versprechen
⚡ **prometido é devido**	versprochen ist versprochen
pronto a	bereit zu
proteção *f*	Schutz
prova *f*	Beweis
prova *f* **de amor**	Liebesbeweis
prudente	klug, clever
PSP *f* **(Polícia de Segurança Pública)**	Schutzpolizei
pura e simplesmente	schlicht und einfach
quadrilha *f*	Diebesbande
quadro *m*	Gemälde
quanto a	betreffend, was ... betrifft
⚡ **que chatice!**	So ein Mist!
que horror!	Wie schrecklich! Furchtbar!
que susto!	Schreck lass nach!
queixar-se	sich beschweren
quieto!	Keine Bewegung!
quintal *m*	Gemüsegarten
rabelo *m*	Douroschiff
⚡ **raio do burro**	verdammter Esel
raptar	entführen
rapto *m*	Entführung
recear	(be)fürchten
receoso	ängstlich
recuperar	zurückbekommen
rede *f*	Netz
rede *f* **de contrabando**	Schmugglernetz/-ring
refém *m*	Geisel
reformado	im Ruhestand
regar	gießen
regressar	zurückkehren, zurückkommen

reinar	herrschen
reparar	(be)merken
república *f*	Studentenwohnheim
resistir à tentação	der Versuchung widerstehen
resolver	entscheiden, beschließen
responsabilidade *f*	Verantwortung
restituir	zurückgeben
revistar alguém	jdn. durchsuchen
riacho *m*	kleiner Fluss, Rinnsal
risada *f*	lautes Lachen
rissol *m*	frittierte Fleisch- oder Fischtasche
rocha *f*	Felsen
ronda *f*	Runde
roubar	stehlen
roubo *m*	Diebstahl
sagrado	heilig
sala *f* **de estar**	Wohnzimmer
saltar	(über)springen
sardinha *f* **assada**	gegrillte Sardine
se calhar	vielleicht
seguir *irr*	verfolgen
sem dúvida	zweifellos
semáforo *m*	Ampel
semelhante	so etwas, ähnlich
sendo assim	wenn dem so ist
⚡ **ser** *irr* **o braço direito de alguém**	jds. rechte Hand sein
ser *irr* **parecido com alguém**	jdm. ähneln
sesta *f*	Mittagsschläfchen
severo	streng, ernst
sofrer	leiden
sogro *m*	Schwiegervater
solto	*hier:* frei
soluço *m*	Schluchzen
sombra *f*	Schatten
sonho *m*	Traum
sorridente	lächelnd
sorte *f*	Glück
sossegado	ruhig
sugerir	vorschlagen
sujar	schmutzig machen

sujo	schmutzig, dreckig
surgir	auftauchen
surpreender	überraschen
surpreendido	überrascht
surpresa *f*	Überraschung
suspeitar	verdächtigen
suspeito *m*	Verdächtiger
suspirar	seufzen
sussurrar	flüstern
T3 *m*	Dreizimmerwohnung
tal e qual	so, genauso
ϟ **tal pai, tal filho**	wie der Vater, so der Sohn
talão *m* **da caixa**	Kassenzettel
tanto... como	sowohl ... als auch
tapado	abgedeckt, bedeckt
temer	(be)fürchten
tenda *f*	Zelt
ter *irr* **a ver com**	mit etw. zu tun haben
ter *irr* **bom aspeto**	gut aussehen
ter *irr* **folga**	frei haben
ter *irr* **razão**	recht haben
terra *f* **natal**	Heimat
terreno *m*	Grundstück
testemunhar	erleben
ϟ **todo partido**	total kaputt, fix und fertig
tomar conta de alguém	auf jdn. aufpassen
tornar-se amigos	Freunde werden
tornar-se em ódio	zu Hass werden
tosta *f* **mista**	Käse-Schinken-Toast
trabalhador	fleißig
trajeto *m*	Strecke
traseiras *f pl*	hinterer Teil, Rückseite
tratar	*hier:* sich kümmern, erledigen, versorgen
ϟ **tristezas não pagam dívidas**	keine Zeit für Traurigkeit (wörtlich: Traurigkeit bezahlt keine Schulden)
tremer	zittern
trilho *m*	Wanderweg
tripulante *m/f*	Besatzungsmitglied
tropeçar	stolpern
tuna *f* **da universidade**	Studentenkappelle

útil	behilflich, nützlich
vaidade *f*	Eitelkeit
valer *irr*	wert sein
ϟ **Valha-nos São João!**	São João, steh uns bei!
vê lá!	Schau mal!
vedação *f*	Zaun
vergonha *f*	Schande
vergonhoso	beschämend
véspera *f*	Vortag
vestígio *m*	Spur
vigiar	bewachen
vingança *f*	Rache
vir *irr* **cá**	hierherkommen
vir *irr* **ter connosco**	zu uns kommen
viragem *f*	Wende, Wendung
virar as costas	den Rücken zudrehen
viúvo	verwitwet
ϟ **viver à larga**	auf großem Fuß leben
vulto *m*	Gestalt

Tabela dos exercícios

Spannend Sprachen lernen

Kriminell gut

Gemeinsamer Europäischer Referenzrahmen A1

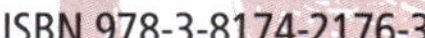

Lernlektüre für Anfänger

- drei spannende Kurzkrimis
- rund 50 textbezogene Übungen
- Vokabelangaben auf jeder Seite
- Infokästen zu Sprache und Grammatik
- von muttersprachlichen Autoren verfasst

www.circonverlag.de